AF762474

# 梵蒂冈法

# Diritto dello Stato Vaticano

阿列塔 著
(Juan Ignacio Arrieta)

宋伟光 译

# 目　录

# 前 言

本著作是作为在罗马宗座十字架大学和威尼斯庇约十世学院教会法学系所开展的“梵蒂冈法”这门课程的教材而出现的：因此，它是教会法博士课程必修内容之一，是针对来自于不同文化领域，志在以不同名义研究天主教法律的学者，作为初始课程的教材而编撰的内容。

这类的著作会有很多的局限和不足，尤其是在一个尚未得到充分研究的法律领域：即使如此，对梵蒂冈城国现行的法律进行全面而笼统的反思仍具实用性，同时，也有助于促进梵蒂冈法律体系连贯的发展。已故好友托雷教授(Giuseppe dalla Torre)曾在圣玛丽亚自由大学(Libera Università Maria SS. Assunta)，作过多年的教会法与梵蒂冈法高等教育学院的教授和领导，由他所主讲的“梵蒂冈法”课程是本著作的重要参考与指导。

在写作的筹备过程中，本人力求突出教会法课程所具有的独特性，以便能够接近国法，虽然梵蒂冈城国具有明显的特殊性，但应该将其视为每个国家的专属课程。在接下来的章节中所介绍的梵蒂冈的特别立法和通过援引而采纳的意大利法律，旨在强调针对不同出处的法律渊源之间的关系，教会法所发挥的解释性作用，甚至有时候，直接将教会法运用于个别情况。梵蒂冈城国现行法律的渊源法第一条便笼统地指出了这一点：“梵蒂冈法承认教会法为首要的法律渊源和诠释参考的首要标准”。

本书的四章内容是从以下这种特殊愿景出发来进行编排的：首先是历史性的绪论，这为理解法律体制本身存在的理由和有关的主要问题来说是必不可少的；然后，通过对构成梵蒂冈城国之要素的分析，最终将介绍其政府组织和法律制度，从老师角度来说，这代表着课程的核心内容。

在历史部分，对梵蒂冈法的分析将会为学者呈现出其完整法律体系的独特性，针对这套法律体系，除了其本有特征外，还会补充上法律和体制革新的进程，这对与法律组织的国际性发展保持同步来说，是必不可少的。分析这种现代化进程，同时仍保持整个法律体系的本质要素不变，对教会法学者来说，是一项重要而不可忽视的职责。

在附录部分，作为补充性资料，将会附加上作为本课程之基础的几部主要法律：1929 年的《拉特朗条约》、2000 年颁布的《梵蒂冈城国基本法》和 2008 年 10 月 1 日所颁布的《有关法律渊源第 71 号法案》，以及 2023 年 5 月 13 日的新《梵蒂冈城国基本法》。

最后，我要特别感谢帮助我完成这部著作的所有同仁。尤其是卡利迪教授（Settimio Carmignani Caridi），他在此领域的著作为我提供了很大的便利，并且还为我收集了有关梵蒂冈法的大量著作，没有他的帮助，便很难完成这部著作。此外，我也诚挚地感谢我的同事和好友，他们曾帮助校对文本和审核内容，并给了我很多的鼓励。

2023 年 6 月 26 日，罗马

若望·依纳爵·阿列塔

（Juan Ignacio Arrieta）

# 第一章
# 梵蒂冈城国的形成历史

## 1. 教宗国的形成与历史发展

作为罗马帝国的中心，罗马也是宗徒之长圣伯多禄的主教座席之所在。在教会的初世纪，罗马见证了伯多禄、保禄和众多基督徒的英勇殉道，因此，自一开始便被视为分布在世界各地之所有教会的共融中心，而罗马主教，作为圣伯多禄的继承人，也被视为整个教会治权的首席。后来，因着实践基督信仰的自由和天主教成为帝国的国教，罗马主教也接受了帝国当局和私人，为了维护教会的尊严和维持宗教敬礼与慈善工作，所给予的荣誉和所馈赠的领地。

罗马教宗的现世权力，作为维持其精神使命之独立性的工具，在中世纪随着意大利周边各区的社会-政治的类似演变，也得到了进一步巩固。八世纪中叶，意大利中心地带的一些辖区，在罗马主教的推动下，开始呈现出统一的特征，便逐渐形成了相对自治的政治社会中心，其中也经历了多种变迁和变革，并与各个时期统治意大利的各种势力签订了相应的盟约，基本上一直持续到 1870 年意大利的统一。

事实上，随着罗马帝国的没落，罗马主教便处于必需填补由此而造成的权力真空的局面，以保护民众和城市免受蛮族的不断侵略。[1]

自从罗马主教成了领主之后，也变成了公权的领衔者，这种统治的具体经验的巩固便是罗马圣座现世权力的起源。从行政上

---

[1] 关于梵蒂冈城国的起源，请参：L. Duchesne, *I primi tempi dello Stato Pontificio*, Torino 1970, in particolare 55 ss。

来说，这种权力是以类似罗马圣座管理教会的方式组织起来的，同时，也延续了罗马帝国已存在的体制模式。

### 1.1 最初赠与教宗的领土

自第六世纪开始，比桑齐奥(Bisanzio)便将精力集中在保卫拉韦纳城(Ravenna)上，并设立了罗马公爵领地，作为意大利总督区的一部分，也就是今天的拉齐奥(Lazio)大区和翁布里亚(Umbria)南部的部分区域。[2] 在不断肯定其身为帝国代表的同时，教宗的形象也逐渐变成了一方首领。特别是在公元 590-604 年间，教宗大额我略(Papa Gregorio Magno)的形象更为突出，他重组了这些辖区的行政工作，以军队的方式管理生活，并推动人们在管理公共事务上参与兄弟会(*confraternite*)。

在伦巴第人(Longobardi，又称：隆戈巴尔迪人)战胜比桑齐奥和拉韦纳的总督后，伦巴第国王柳特普兰多(Liutprando)便将比桑齐奥的罗马公爵领地赠送给教宗额我略二世(Papa Gregorio II)，这就是发生在公元 728 年，为人所熟知的“苏特里捐赠”(Donazione di Sutri)。在随后的几年中，同一国王又向教宗赠送了新的领地，基本上就是现在的拉齐奥大区，这些领地便形成了后来的教宗国，最终成了教宗的自主领地。[3]

在比桑齐奥与伦巴第王国之间相持不下的时期，又不得不以适当的名义承认领地自治权的合法性这种局面，最终促使将上述教宗的权利建基在一种慷慨馈赠的基础上，也就是后来所熟知的“君士坦丁的赠礼”，因为第一位基督徒皇帝——君士坦丁大帝——曾授权给伯多禄的继承人领导罗马元老院和统辖拉齐奥地区。这次授权也被称为《君士坦丁诏令》(*Constitutum Constantini*)，

---

2 参：T. F. X. Noble, *La Repubblica di San Pietro. Nascita dello Stato Pontificio (680-825)*, Genova, 1984。

3 参：G. Arnaldi, *Le Origini dello Stato della Chiesa*, Torino 1987, 28. Vedi in generale, W. Ullmann, *Il papato nel medioevo*, Bari, 1987, 29 ss。

后来作为假文书被收录在第九世纪的《伪伊西多尔法令集》(Decretali psudo-isidoriane)和《葛拉齐亚诺法令集》(Decreto di Graziano)的一些手抄本当中，最后便演绎成了由君士坦丁大帝于公元 313 年所颁布的一道诏令，其中除了其它的荣誉外，还将罗马城和其它领地的主权授予了教宗西尔物斯德肋一世（Papa Silvestro I）及其继承人。但从十五世纪开始，这部诏令便被认为是伪造的，虽然直到后来很晚的时期才被证实，但有些教宗已经将这部诏令作为论证其现世权力的基础来使用。[4]

另一位伦巴第国王，阿斯托尔福(Astolfo)于 751 年又占领了拉韦纳总督区的其它领地，并意图向罗马征税。于是教宗便求助于法兰克国王矮子丕平(Pipino il Breve)施以援手，法兰克国王在打败了阿斯托尔福之后，便将总督区所辖领地悉数交予教宗权下，之后这些领地与“苏特里捐赠”所得领地合并一处，这事件发生在公元 756 年，史称“丕平献土”。如此以来，意大利中部大片领地便被交付给教宗，除了拉齐奥大区，还包括拉韦纳总督区的行省和领地。矮子丕平则获得了“罗马贵族长”(*patricius Romanorum*)的世袭荣衔，这样便开启了将持续很长时间的与法兰克王国的联盟。

丕平的捐赠之后也得到了其儿子查理曼(Carlo Magno)的确认，并在此基础上还增加了更多的捐赠，将意大利中部其它新的领地也赠送给了教宗，然而这些馈赠中只有少部分以持久而稳定的形式得以保留。虔诚者路易(Ludovico il Pio)所签署的《罗马法规》(*Constitutio Romana*，824 年)——也得到了后续教宗们的核准——承认并巩固了教宗对这些领地的主权，这些领地以从属的方式与帝国密切地连系在一起。教宗在法兰克军队的保护之下，

---

4 参：G. Arnaldi, A. CADILI, *Le donazioni e la formazione del Patrimonium Petri*, IN “*Enciclopedia Constantiniana*”, ROMA, 2013, 523-540; G. G. Mellusi, *Donacion de Constantino in* DGCD III, 486-490; G. M. Vian, *La donazione di Costantino*, Bologna 2004。

在这些领地内履行现世权力，[5]然而却是以贵族的身份对这些领地进行有效的管理，就如同当时意大利其它地方意义。[6]

卡洛林王朝灭亡后，为了应付意大利各地君王的威胁，教宗若望十二世(Papa Giovanni XII)便转向日耳曼帝国，向奥托一世(Ottone I)寻求庇护，奥托一世经历了一场战争的胜利后便进入罗马，并在伯多禄大殿从教宗手中接受了加冕礼，被封为神圣罗马帝国皇帝(Imperatore del Sacro Romano Impero，962 年)；作为交换，奥托一世便承认了教宗对教宗国的权力。

### 1.2 领地的组织与管理

在接下来的几个世纪，教宗始终根据在各历史时期所达成的内部协议，在各时期相应的欧洲权势之下行使他的世俗权力：这是一种政治隶属，试图将教宗的精神权力工具化，并干涉罗马教宗的选举。

教宗额我略七世(Gregorio VII)在其任内努力寻求恢复治理教会的自治权：一方面，重申了枢机选举教宗的独有权，同时将世俗权力排除在选举进程之外；另一方面，教宗在教会纪律上也进行了重要的改革(《教宗训令》[*Dictatus papae*]，1075 年)，并巩固了教宗任命主教的独有权，阻止了在行使世俗权力过程中与属灵性职能过多的连系。[7]

---

5 “在那些年教宗职变成了一种政治职务，甚至「被政治化」，但是其性质，自一开始便是教会的职务。因此这种分析的出发点应是当地的宗教团体，而教宗便是此团体的首领”(T.F.X. Noble, *La Repubblica di San Pietro…*, cit., 203)。

6 在这个时期，撒拉逊人从奥斯提亚(Ostia)着陆对罗马进行了劫掠(846 年)，并亵渎了梵蒂冈和圣保禄大殿，因此便有必要重建围绕着圣伯多禄广场的城墙，因为第三世纪的奥莱里亚城墙(Mura aureliane)并不包括在梵蒂冈内。此外，教宗为了防范摩尔人的侵略，藉着其政治权力，便与那不勒斯沿海周边的几个城邦缔结了盟约。

7 参：F. Calasso, *Medio Evo del Diritto*, I, Milano 1954, 446 ss.; vedi anche G. Tobacco, *Storia d'Italia,* vol. 1, *Dal tramonto dell'impero fino*

但是，并非始终能够维持国家的社会性稳定。在十二世纪，布雷西亚的阿纳尔多(Arnaldo di Brescia)在罗马推动了人民起义，要求终止教宗的世俗权力和没收教会的财产。于是便宣布了罗马共和国(Repubblica romana)的成立，面对这种局面，教宗阿德里安四世(Papa Adriano IV)不得不求助于红胡子腓特烈一世(Federico I Barbarossa)皇帝，腓特烈一世在处决了起义首领之后，便于1155年6月18日挺进了罗马，并在伯多禄大殿接受了加冕礼，而成了神圣罗马帝国(Sacro Romano Impero)的皇帝。

在教宗依诺森三世的任期(Papa Innocenzo III，1198-1216)内，教宗的权力，无论是在教会内，还是在现世秩序中，都得到了特别的巩固。事实上，除了有效的行政与财经管理外，教宗还对教会的立法进行了重整，对教会法典籍进行了基本的汇编，缩减了地方贵族，尤其是罗马达官贵族们的影响，恢复了对先前已丢失之领地的直接管理，此外，还将拉韦纳总督区、斯波莱托公爵领地(Ducato di Spoleto)、安科纳行省(Marca di Ancona)和托斯卡纳(Toscana)南部地区重新纳入了教宗国的领土内。

后续的几位教宗仍继续致力于领地的统一，并委派教会职员治理已经成为教宗国组成部分的五个省份(分别是圣伯多禄遗产[Patrimonio di S.Pietro]、马里提玛和卡帕尼亚[Marittima e Campania]、斯波莱托公爵领地、安科纳行省和罗马涅省[Provincia di Romagna])。当时正是归尔甫派与吉伯林派之间发生战争的时期，因此领地的管理便在二者之间来回轮转。1274年，教宗尼各老三世(Papa Nicolò III)便从鲁道夫·达斯布尔格(Rodolfo d’Asburgo)手中接受了罗马涅和博洛尼亚(Bologna)的领地，如此以来，教宗国便得到了进一步扩张。

不久之后便开始了所谓的“亚维农流亡”(l’esilio di

---

*alle prime formazioni di Stati regionali,* Torino 1974; W. Ullmann, *Il papato nel medioevo*, cit., 231 ss.; C. Azzara, *Il papato nel Medioevo*, Bologna, 2006。

Avignone，1309-1377)。教宗在法国宫廷霸权的淫威下放弃了罗马，将自己的寓所安置在亚维农，于是，罗马和教宗国各省便陷入了无政府状态和贵族瓜分领地的争斗中。教宗克莱孟六世(Papa Clemente VI)有意重新统一国土，为此便委派托莱多(Toledo，西班牙)的总主教阿尔博诺兹(Gil de Albornoz)枢机组织军队。之后，此枢机又被依诺森六世教宗(Innocenzo VI)任命为教宗全权代表统领全国事务(1353 年)。在随后的几年中，阿尔博诺兹枢机基本上完全致力于对领地的行政管理。于是，教宗国便在由罗马所统领，但财政相互自主的五个传统省份的基础上得以重建，这五个省分别是：圣伯多禄遗产、马里提玛和卡帕尼亚、斯波莱托公爵领地、安科纳行省和罗马涅省。

确保这些领地统一的法律基础是在 1357 年公布的《慈母圣教会宪章》(*Costitutiones Sanctae Matris Ecclesiae*)，又称《埃吉迪亚诺宪章》(*Costitutiones Aegidianae*)，其中规定了这些领地的政治与行政制度，一直持续到拿破仑时代。七个省份都由教宗所任命的教宗代表和主任管理，进行司法审判的七位法官也是由教宗任命的。为了维持社会治安，各省均设有武装警力。当然，这种组织形式在世纪更迭中，根据不同领地的独特环境，也经历了变革，因此几乎从未出现过完全一致的情况。比如，有些城邦是委托给一位行政长官或特派枢机管理的，尤其是从第七世纪开始，事实上，在这时期行省特使的形象的重要性已不复存在。

在此时期，罗马的教会中央政府或行政中心也得到了发展，并在教宗国的属灵与世俗双重领域履行职责：教宗玛尔定五世(Martino V，1417-1431)设立了枢密院(Camera segreta)以负责外交关系；依诺森八世(Innocenzo VIII，1484-1492)则设立了宗座秘书处(Segreteria Apostolica)，负责分发政府文书。

宗座当局是首批藉用自己的代表派驻于国际强国，以及与地方教会当局交往的主体之一。从这些肩负明确而暂时使命的代表开始，直到第十五世纪才出现固定的使节，诸如派驻于马德里(西班牙)的使节，在第十六世纪，又往巴黎、威尼斯、维也纳等地派驻了宗座使节。通常都是以相互派驻的方式，设立常驻代表。

藉着教宗儒略二世(Giulio II)，教宗的领地恢复到了由罗马涅和博洛尼亚(1506)，以及拉韦纳(1509)合并后的初始范围。其它领地也在随后的几个世纪不断地被纳入教宗国：在战争后的佩鲁贾(Perugia，1540)、外交协议后的安科纳(Ancona，1532)、最后王朝没落后的费拉拉公爵领地(Ducato di Ferrara，1598)和乌尔比诺公爵领地(Ducato di Urbino，1631)，以及由直接充公而获得的卡斯特罗公爵领地(Ducato di Castro，1649)。在那个时期，这些领地共被调整为十二个省，除此之外，在那不勒斯王国还有两块飞地(贝内文托[Benevento]和蓬泰科尔沃[Pontecorvo])和在法兰西王国的两块飞地：亚维农的公使馆和维纳斯诺的伯爵领地(Contea di Venassino)。

因着法国大革命和拿破仑的战争，教宗国开始逐渐地遭到瓜分。[8] 最开始丢失的是法国的亚维农和维纳斯诺这两块飞地；然后，随着拿破仑对意大利的侵略，又被重新宣布为罗马共和国(Repubblica romana，1798)，被世俗权力所罢黜的教宗庇约七世(Papa Pio VII)便被流放到法国。不久之后，在经历了短暂的重建之后，藉着 1801 年所签署的协定，拿破仑便决意将教宗国纳入法兰西帝国，同时将教宗庇约七世囚禁在萨沃纳(Savona)。最后，拿破仑失败之后，维也纳会议(Congresso di Vienna，1814-1815)将几乎所有的领地又还给了给教宗，教宗庇约七世便立即对领地的管理进行重组，并分派了公使和代表。[9] 但是，削弱教宗世俗

---

8 参：D. Demarco, *Il tramonto dello Stato Pontificio*, Torino 1949. Vedi anche i vari lavori contenuti nel volume AA.VV., *Riforme giudiziarie e Restaurazione nello Stato Pontificio (1814-1817)*, Roma-Freiburg-Wien 1997。

9 参：C. De Luca, *Il tramonto delle aristocrazie cittadine nello Stato Pontificio. Tivoli nella prima metà dell'Ottocento*, Tivoli 2010。

权力的进程已然开启了。

意大利统一运动便这样开始萌芽，最开始是由一些在教宗国领地内影响甚广的秘密会社和烧炭党人推动的，在随后的十几年一直酝酿，直到 1870 年罗马的陨落。第一次起义在 1817 年由教宗国的警察于马切拉塔(Macerata)镇压下来。但是在意大利其它答复仍有很多动乱，首先是那不勒斯和西西里，然后又蔓延到米兰和摩德纳(Modena)公爵领地。1824 年在拉韦纳又发生了一次起义，在第二年，罗马也发生了暴乱，两次起义最终都被教宗国的军队平息下来。

在 1830 年和 1831 年罗马涅也发生了暴动，首先开始于博洛尼亚，然后又蔓延到费拉拉、弗利(Forlì)、拉韦纳和边界各行省。起义军逐渐壮大起来，并组织了志愿军向罗马进发，最终又被教宗国的军队在列蒂(Rieti)镇压下来(1831 年 3 月 11 日)。后来，教宗国的军队在奥地利军队的协助下，才最终平息了起义，两军在 1832 年 1 月进驻了博洛尼亚，与此同时，法国人趁机从水路进军占领了安科纳。

于是，欧洲的一些强国开始督促教宗额我略十六世(Papa Gregorio XVI)对教宗国进行具体的行政改革，教宗采纳了建议，并于 1831 年 7 月藉所颁布的敕令着手进行改革，后由教宗庇约九世完成了这次改革。其中设立了一个代表各省的政务委员会(Consulta di Stato)，改善了司法系统，在行政职务中引入了平信徒，在市政和省政层面也设立了分散行政权的委员会机制。

## 2. 意大利的统一与教宗国的灭亡

1847 年 6 月 16 日，乔瓦尼·玛利亚·马斯塔伊-费雷蒂(Giovanni Maria Mastai-Ferretti)当选为教宗，并以“庇约九世”为其尊号。不久之后，便开始了意大利统一的步伐，最终导致了教宗世俗权力的丧失。

## 2.1 庇约九世的改革及随后的整顿

1848 年，革命之火燃烧了整个欧洲，随着在米兰因反对奥地利独裁统治而发生的“五日暴动”，便开始了意大利第一次独立战争。在此之前，于同年 1 月份在西西里首先兴起了独立运动，起义很快蔓延到那不勒斯和其它城市，此种形势促使当权者不得不承认类似于 1830 年法国所确立的君主立宪政体。就连教宗庇约九世也在 1848 年 3 月 14 日为教宗国颁布了一道这类法令，即圣教会之国现世管理的基本章程(*Statuto Fondamentale per il governo temporale degli Stati della Santa Chiesa*)，[10] 藉此设立了两个立法院，并允许平信徒担任某些具体的体制性职务，同时，也开启了具有自由派特征的改革，诸如，出版自由，也采纳了一些当时比欧洲其他国家还进步的建议。但是，这些举措并未满足民众所希望的改革热情，同年 11 月 15 日，教宗内务部部长佩雷里诺·罗西（Pellegrino Rossi）遭到暗杀。

1849 年宣布成立了罗马共和国(Repubblica romana)，而教宗庇约九世被迫在那不勒斯国王的保护下，[11] 逃到了加埃塔(Gaeta)。罗马立宪委员会(Costituente Romana)便颁布法令称：“教宗放弃国家的世俗权力。但保障罗马主教自由行使神职权力。政府将接受罗马共和国的称呼”。[12] 由玛齐尼、阿尔梅利尼和萨非(Mazzini, Armellini e Saffi)所领导的起义意在整个教宗国，但起义昙花一现。在同年 7 月，奥地利军进驻了安科纳，并

---

[10] 参：庇约九世，《在体制内》(*Nelle istituzioni*)法令，1848 年 3 月 14 日。针对自由派的诉求，教宗所做出的回应，主要是 1848 年 2 月 10 日所颁布的手谕《意大利，请赞颂伟大的天主》(*Benedite, Gran Dio, l'Italia*)。另参：A. Polverari, *Vita di Pio IX. I. Dalla nascita al 26 novembre 1848*, Città del Vaticano 1986, 185 ss。

[11] 若想了解教宗庇约九世自上任之初所处的历史时期背景，及其任期(1851-1866)在管理上的问题，请参：A. Polverari, *Vita di Pio IX. II. Dall'esilio di Gaeta al Regno d'Italia*, Città del Vaticano 1987, 7-14。

[12] Anonimo, *Ricordi della questione romana. Dall'elezione di Pio IX al Pontificato*, Torino 1871, 10-11。

占领了费拉拉和博洛尼亚；同时，一个拥有三万人的法国武装部队和烧炭党人则占领了罗马，并组成了卫戍部队。1850 年 4 月 12 日，庇约九世最终返回了罗马，并很快建立了专制性的政府组织，继续先前的改革。

随着教宗庇约九世对罗马的重建，在很短时间内，在教宗国便开启了恢复经济和增长的进程，商业和工业活动也有了显著的增长。[13] 许多重要的公共事务也得以启动，诸如，港口的开放和扩大、道路的加宽和电信事业的现代化、公共场所的排水工程、供水网的改进、教宗国不同地方铁路交通网的改善：但是，这一切并未终止意大利统一的进程。

## 2.2 教宗国首批领地的丧失

事实上，从 1855 年开始，之前作为教宗国之同盟和支持者的撒丁王国(Regno di Sardegna)，现在却藉着取消修会和没收其财产的举动担起了明确的反教权的政治先锋，教宗以相应的处罚作为回应。几个月之后，自克里米亚战争中胜利归来的撒丁王国当局便开始公开而明确地展现出吞并教宗国的意图。[14]

1856 年 4 月 8 日，加富尔伯爵(Conte di Cavour)呈递了一份备忘录，并请求罗马建立自由政府，将政教权力分离，并远离意大利军队的外部干扰。教宗国政府也开始遣散法国和奥地利军队，同时，加强了自身军事力量的建设，以维持本国的和平。[15]

然而，1859 年，在无事先宣布进入交战状态的情况下，一支军队便占据了罗马涅公使领地，同时要求教宗将其让渡给皮埃蒙特王国(Regno del Piemonte)。面对教宗的否定答复，次年在经历

---

13 参：A. Polverari, *Vita di Pio IX. II. Dall'esilio di Gaeta al Regno d'Italia*, 60-90；P. Dalla Torre, *L'opera riformatrice ed amministrativa di Pio IX fra il 1850 e il 1870*, Roma 1945。

14 参：G. Martina, *Pio IX (1851-1866)*, cit., 49 ss。

15 参：Anonimo, *Ricordi della questione romana. Dall'elezione di Pio IX al Pontificato*, 15-18。

了民意咨询后，便决意加入皮埃蒙特领土，这一事实的结果就是在罗马涅引进了撒丁王国的反教权法律。为了达成和平解决的目的，法兰西皇帝也要求教宗放弃这些领地，但教宗庇约九世于1860年1月19日向全体基督信徒发布了一道通谕作为回应，并声明不会违背上任时的誓言，且绝不将领地让渡给任何人。次年3月18日，维克托·伊曼纽尔国王(Re Vittorio Emanuele)顺应艾米利亚(Emilia)的民意，而颁布了一道法令，将此领地宣布为撒丁王国全省的组成部分，至此这一问题才得以解决。[16]

圣座提出抗议，国务卿安东内利枢机(Card. Antonelli)正告法国政府，罗马教廷“在天主——而教宗为天主的在世代表——的助佑下，坚定地维护公教会的财产权，无论其对手以何种方式攻击，无论在目前困境中采取何种对立立场”。针对那些“犯有侵略和篡夺教宗国领土罪行的人”，教宗在3月29日颁布了一道绝罚诏书。[17]

1860年，皮埃蒙特军队又侵略了各行省和翁布里亚(Umbria)，教宗还没有常规军队可以支配的情况下，号召整个欧洲的志愿军来保护。这些志愿军于1860年9月18日在卡斯特尔菲达多(Castelfidardo)遭遇了失败，对安科纳要塞进行了长时间的保卫后，民意是将已侵略的领地吞并掉，如此以来，教宗国实际上已经被缩减至现在的拉齐奥大区，随后因着法国军队的到来而得到了加强。[18]

---

16 同上，23-36。另参：A. Polverari, *Vita di Pio IX. II. Dall'esilio di Gaeta al Regno d'Italia*, 204-220；G. Martina, *Pio IX (1851-1866)*, cit., 85 ss。

17 Anonimo, *Ricordi della questione romana. Dall'elezione di Pio IX al Pontificato*, 25-26。

18 在安科纳沦陷的前一天，教宗庇约九世曾在9月28日的御前秘密会议上要求欧洲各国的援助：“君主们应坚信，我们的事业完全与他们的事业相连，他们若提供帮助，所获得的救恩并不比我们少。因此我们应鼓励他们，并请求他们各自根据自身条件和时机，向我们提供援助。我们不应怀疑君主们和公教子民不会以一切热情联合其关心和工作，并以各种方式尽快提供援助，以保护和捍卫整个意统一运动者们将罗马视为将要诞生之国家的自然首都。王国众议院在 1861 年 2 月 26 日经过商议后一致同意授予维克托·伊曼纽尔二世(Vittorio Emanuele II)及其后裔意大利国王的称号，加富尔伯爵于 3 月 25 日宣布："我自认为有义务在国家面前以最隆重的方式宣布，必需以罗马作为意大利的首都，因为若非以罗马为意大利首都，意大利便不能建立"。事实上，两天之后，国会便通过了以下命令："议会通告在与法国达成一致不予干涉，且确保教宗的尊严、荣誉和独立，以及教会的完全自由，全民意见呼吁将首都罗马与意大利合并"。[19]

意大利王国委员会主席里卡索利(Ricasoli)男爵在 9 月 1 日以一封信函上书教宗："诚挚地呼吁圣父教宗，以您的智慧与慈爱，允准一个协议，完整地给予国家权利来有效地维护教会的尊严与伟大"。连同信函还附上了"细则"，作为圣座与意大利协议的草案，在法国的协调下，意大利将答应教宗为保持永恒尊严所提的条件，并确保行使精神权力的安全与独立。

这项提议并未得到采纳，教宗庇约九世在 1862 年 3 月 25 日对日本殉道者封圣典礼上对此作出了回应，他明确提到："圣座并不将世俗权力视为信条，但为了使天主圣意所制定的秩序持续不变和为了维护属灵权力的独立性，这项权力却是必需且不可或缺的"。[20]

欧洲各国的总理和大臣甚至提议将教宗迁往另一个地方，比如，应该建议将教宗迁至马耳他，这些提议最终都遭到了驳斥。[21] 1864 年 1 月 18 日，在天主教徒的一个国际代表团面前，教宗再

---

大利羊栈的慈父和牧者，免受悖逆之子的武装伤害"。

19 Anonimo, *Ricordi della questione romana. Dall'elezione di Pio IX al Pontificato*, 33-34。

20 Anonimo, *Ricordi della questione romana. Dall'elezione di Pio IX al Pontificato*, 38。

21 参：同上，44。

次声明“愿意将圣伯多禄遗产完整地留给自己的继位人”，同时补充说:“将不会接受任何相反此目的的协议”，便坚定地回应“所信赖的不是武力，而是天主的圣意”。[22]

## 2.3 不堪一击的1864年意-法公约

为了维持教宗国的存在所做的最后一次努力发生在1864年9月15日，在这一天意大利与法国签署了一项公约。根据这项公约，意大利承诺只要教宗国一直存在便不会对其进行攻击，并阻止其它势力对其进行攻击；与此同时，法国也将撤回至此依然保护教宗国的军队。一项议定书突出了这项公约的有效性，其中意大利声明要将王国的首都迁往罗马之外的另一个地方，这一点正对应了后来宣布佛罗伦萨为意大利王国的首都。[23]

对1864年所签署之法-意公约的遵守在随后几年内越发变得艰难，其中主要原因是佛罗伦萨政府貌似未曾守约。法国军队撤离了教宗国领土，而只在战略要塞留下了少量不对，以备不时之需。在这一时期，由加里波第(Garibaldi)所领导的志愿军，在经历了针对教宗国与法国军队艰难的战斗后，于1867年11月3日在门塔纳战役(battaglia di Mentana)遭遇失败。

此外，在此之前，1864年12月8日所公布的《谬论撮要》[24](*Sillabo*)也将圣座与其主要庇护者——法国——的关系陷入濒临崩溃的境地，其中声明通谕“总的来说，是针对有违我们信仰基础的原则，特别是国家主权、普遍选举、良心自由和崇拜自由等原则。此外，通谕还针对几乎直接对圣座无论是在文字上，还是在精神上都得尊重教宗庇约七世于拿破仑一世皇帝在1801年所签署之协定这种国际行为视而不见。因此，正义与礼仪部长认为应向全体法国主教致书一封通函，以提醒他们这部文件的公布可

---

22 参：同上，47。
23 参：同上，49。
24 参：Pio IX, enc. *Quanta cura*, dell'8 dicembre 1864 in ASS 3 (1867) 160-167; 168-176。

能带来的不宜之处，同时授权拒绝接受仅关于禧年庆典之通谕中的其它部分”。[25]

教义，尤其是有关意大利政治的教义，所面对的处境呈现出的复杂性，促使教宗庇约九世在纪念圣伯多禄致命而举行的御前会议中决定召开一次大公会议，并在 1867 年 6 月 22 日宣布了此项决定。[26] 两年之后，即 1869 年 12 月 8 日，便召开了梵蒂冈第一届大公会议，有超过 700 位教长参加；与此同时，法国却表现出了担忧，害怕大公会议的决议可能会相反法国的立国之本和固有精神。[27]

在大公会议召开的几周之前，即 1869 年 8 月 2 日，法国政府决定召回驻在奇维塔韦基亚(Civitavecchia，意大利)的军队。8 月 19 日，法国军队彻底地放弃了上述港口，两日之后，佛罗伦萨的众议院批准了如下命令：“众议院批准内阁的政治方针，并委托内阁根据全民意志解决罗马问题”。[28]

圣马丁的蓬扎伯爵(Conte Ponza di S. Martino)议员受国王派遣，通知教宗庇约九世，意大利军队将很快进驻罗马，同时并保证“深受意大利全民爱戴的天主教元首将在台伯河畔保留光荣的，且独立于一切世间权贵的席座”，[29] 意大利政府便于 9 月 11 日命令军队进驻了罗马省。

## 2.4 意大利王国首都罗马

只因法国一支装备精良的卫戍部队驻守，意大利军队才未能

25 Anonimo, *Ricordi della questione romana. Dall'elezione di Pio IX al Pontificato*, 56。

26 参：A. Polverari, *Vita di Pio IX. II. Dal 1861 al 1878,* Città del Vaticano 1988, 149 ss。

27 参：Anonimo, *Ricordi della questione romana. Dall'elezione di Pio IX al Pontificato*, 109。

28 同上，113。

29 参：Anonimo, *Ricordi della questione romana. Dall'elezione di Pio IX al Pontificato*, 114。

进驻罗马。法国与普鲁士的战争迫使法国召回驻守在罗马的军队，只能信靠 1864 年所签署的公约对意大利有所约束，因为公约规定了法国军队一旦撤离，意大利王国便有不侵犯教宗国的义务：事实上法国军队的撤离为意大利的统一留下了自由空间。[30]

得到消息后，教宗庇约九世便命教宗国军队指挥官坎斯勒(Kanzler)约束军队的抵抗，只需“做做样子，以示对暴力的抗议，仅此而已，意即：为谈判而展开双臂”。9 月 20 日罗马投降，除了利奥尼城(Città Leonina)之外，其余全城都交付给意大利军队。然而，随后因所发生的骚乱，貌似教宗又要求意大利军队指挥官连同利奥尼城也占领以维持公共秩序。[31]

但是，正是因为此次占领，梵蒂冈广场及其附属建筑，以及教宗夏宫冈道尔夫堡(Castel Gandolfo)才得以保全。意大利王国的反神权法律便在其它领地立即生效，教会动产与不动产悉数充公，并禁止市民宣发圣愿。

在 10 月 9 日，维克托·伊曼纽尔国王颁布了一道法令，宣布罗马省隶属意大利王国，并明确出罗马教宗依然保持其尊严、不可侵犯性和君王个人的一切特权，以及属地豁免权和圣座属灵权力的自由行使，这一点在后续的法律中也得到了明确。[32] 1871 年 2 月 3 日罗马正式被宣布为意大利王国的首都。

与此同时，教宗庇约九世，1870 年 10 月 20 日发布了《在受

30 “法-普战争出乎意料地为解决罗马问题提供了机会。法国认为留守一支孤立的部队驻守罗马不合时宜，于是便将其召回，同时声明此举完全符合九月所签署的公约，并相信意大利政府也会忠实地信守公约”(F. Scaduto, *Guarentigie pontificie e relazioni fra Stato e Chiesa*, Torino, 1884, 47)。

31 参：Anonimo, *Ricordi della questione romana. Dall'elezione di Pio IX al Pontificato*, 120；另参 A. Polverari, *Vita di Pio IX. II. Dal 1861 al 1878*, 194ss。

32 参：Anonimo, *Ricordi della questione romana. Dall'elezione di Pio IX al Pontificato*, 123。

天主的职务之后》(*Postquam Dei munere*)诏书，藉此谴责说“对这个灵魂之城的即时侵略便是亵渎，这是我们的席座所在，是天主对我们世俗统治的眷顾所在，藉此我们反对任何法律，我们的元首和宗座不可动摇的世俗权利遭到了不可思议的背信和无耻的侵犯，致我们陷入此等境地——天主将以不可思议的审判做出判决——迫使我们处于敌对权势和掌控之下。在此等令人悲痛的境地，我们被阻而无法自由地行使我们至高的权柄，同时，我们知道梵蒂冈大公会议的教长们在处理教会事务时，也不可能拥有不可或缺的自由、安全与安宁，……为此，我们暂时中止此次大公会议，直至由宗座确立另一更为合宜和便利的时机”。[33]

随着对罗马城的占领，派驻圣座的各国外交人员便受到了各自政府的命令，不得放弃罗马，并继续履行其在教宗前的代表职务。[34] 1871 年 4 月 26 日，法国全权公使多古尔子爵(Visconte D'Haucourt)在与教宗的会面时，教宗庇约九世对法国的友谊和继续支持表达了赞赏，并解释了在双方利益中，所有事务为何未能保持原有方式。当时教宗已经表达出对圣座来说世俗权力所具有的附带特征：“我所希望的是在世上有一个我能做主的角落。这并不是说，如果将我的教宗国作为礼物退还给我，我会拒绝。除非我拥有了那立足之地，我才能圆满地履行我们的属灵职务”。

几天之后，官方公报便公布了有关意大利王国授予罗马教宗和圣座之特权的法律。教宗庇约九世自我宣布为梵蒂冈的囚徒，且从未接受所谓的《保障法》(Legge delle Guarentigie)，这部法律后来便成了意大利与圣座，以及与在意大利的教会之间关系的关键文献。

---

33 同上，124-125。

34 参：同上，122；S. Marotta, *L'occupazione di Roma e della città leonina*, in “Cristianesimo nella storia”, 31, 2010, 33-78。

# 3. “罗马问题”与《保障法》

随着教会中央政府所在之地罗马的沦陷，意大利王国便占有了罗马，以及原为教会财产或修会财产的大部分宫殿。在意大利王国缓慢实施的反宗教法律便很快得到了落实，并造成了惨重的后果。

## 3.1 教宗面对世俗权力遭篡夺的反应

自一开始，教宗庇约九世虽无能为力，但却极严厉地谴责了对自己世俗权力的篡夺。教宗藉着在 1870 年 11 月 1 日所颁布的《回顾这一切》(*Respicientes ea*)通谕，宣布了意大利政府在之前十几年的罪行，曾占领了教宗国的不同地方，同时造成了社会动荡，并操纵民意，以造成民众自发附和的假象。

这部文件表达了不向强权让步，不放弃世俗权力的意志，并认为“为了使伯多禄的继承人能够在行使其属灵治权的时候享有必需、安全而圆满的自由”，这世俗权力是必需的。因此，教宗郑重地重申：“我们的意愿和我们的关注是保留此圣座全部而不可侵犯的主权与权利，并将其传递给我们的继承人”。[35] 与此同时，连同先前其它类似措施，教宗庇约九世对那些参与篡夺圣座世俗权力的人科以法定处罚。

从一定意义上来说，《回顾这一切》通谕便为有关宗座在世俗领域中权利的“罗马问题”和随着将罗马宣布为意大利王国的首都而产生的冲突奠定了基础。这部发给所有主教的文件并未立即在意大利公布，试图将其公布于众的报纸也遭到了扣押，如此以来，圣座只发布了一个外交照会，并强调禁止散布此文件，这也就证实了身处意大利王国境内的教会对王国的屈服。

## 3.2 《保障法》与圣座

由意大利针对欲加于宗座之新地位所给予的制度性答复，都

---

[35] 庇约九世，《回顾这一切》通谕，1870 年 11 月 1 日。

包括在由意大利国会在 1871 年 5 月 13 日所通过的《保障法》当中。[36]此法案的内容虽然概念上缺乏连贯性，也预料到不会得到具体实施，但是仍作为指导方针，主导了意大利王国与圣座之间六十年的关系，一直到 1929 年《拉特朗条约》的签署。不管怎样，这是意大利法律体系中的一部法律，因此所给予的所有特权，无论是属人的，还是属地的，意大利其它法律对其也都有圆满的效力。这对和解来说便造成了客观上的困难，因为对圣座所做的保证与意大利立法上的彻底反神权自由主义的趋向自相矛盾。此外，作为一部单方面颁布的法律，且代表着态度上一百八十度的翻转，所做的承诺，一旦得到国会大部分人的通过，随时都会发生改变。[37]

《保障法》共有 19 条规定，分为两章。第一章是关于罗马教宗和圣座所享有的特权；而第二章涉及的则是国家与教会的关系。这两个不同的领域虽有区别，但却紧密相连，且预先揭示了后来《拉特朗条约》所呈现出的二元性。

意大利所提出的解决方案旨在协调两个基本的准则：一方面，声明了教宗的人格是“神圣而不可侵犯的”（保障法，第 1 条），然而，却不承认其拥有任何形式的世俗主权：是一个没有王国的君王。不过，他的人格相当于国王所拥有的人格，因为在受到侵犯或公开侮辱时，将受到法律保护（保障法，第 2 条）；承

---

36 “给予特权的理论性目的（我们暂且撇开政治目的不谈）是要确保圣座属灵职务的自由行使，这一点特别由保障法的 9-13 条得到了明确。实现此目的的主要途径有两种：承认教宗的主权及其不可侵犯性、特别的刑罚、拥有武装侍卫的权利、主动与被动使节权、属地豁免权以及其自身和为其主要组织的属人豁免权；独立的经济地位，否则其主权与行为自由便成为虚妄”（F. Scaduto, *Guarentigie pontificie e relazioni fra Stato e Chiesa*, cit., 84）。另参：A.Piola, *La questione romana nella storia e nel diritto*, cit., 44 ss。

37 参：G. Dalla Torre, *Lezioni di diritto vaticano*, Torino 2018, 7. 关于历史的演变，请参：C. Cardia, *Principi di diritto ecclesiastico*, 5ª ed., Torino 2019, 300-323。

认教宗在全意大利享有君王的身份和荣誉，相对其他天主教君王也享有无上的尊荣(保障法，第 3 条)。

与此同时，这部法案有意明确保护教宗不受任何侮辱与针对宗教内容有权表达不同意见的自由原则之间的区别；因此，在肯定了对其个人的保障之后，便明确规定："针对宗教内容的争论享有圆满自由"(保障法，第 2 条)。

此外，承认教宗有权拥有自己的武装警卫队，作为私人侍卫，但是，应遵从"王国现行法律针对此等警卫所规定的责任与义务"(保障法，第 3 条)。

承认教宗有权占有梵蒂冈、拉特朗和冈道尔夫堡等宫殿，连同其相应建筑及花园，同时声明这些地方是不可转让的，并"免除一切课税和因公共用途而征用"(保障法，第 5 条)。总之，很明确的是这些地方被视为是意大利的领土，只是专门让与教宗占有，因此，若没有意大利王国当局的许可，是不能进入的(保障法，第 7 条)。

与此同时，也承认博物馆和图书馆享有豁免权，并声明其为不可转让的，并免除一切课税，只不过意大利保留单边修改有关这些财产之章程的权利(保障法，第 4 条)，因此呈现不出任何形式的稳定保障。

此外，关于向圣座的经济赔偿，意大利承认每年以长期且不可转让的方式向圣座支付 3.225.000 里拉，"以满足罗马教会的各种需求"，"且免除一切税收或政府、市政或省政的负担"。[38] 此数额"意在满足罗马教宗和圣座职员的不同需求、日常和特殊用度、宗座大楼及其附属建筑的维护"，以及工人和职员的工资和退休金、罗马教廷的日常活动和外交工作(保障法，第 4 条)。由于圣座并未接受这部法律，所规定的金额便从未支付过，只是被

---

[38] 参：A. Ravà, *Natura giuridica della dotazione pontificia secondo la legge delle guarentigie*, in "Il Diritto ecclesiastico" 74, 1963, 245-347。

暂时搁置起来，最终在 1929 年的《拉特朗条约》的财政协议中，所规定的经济赔偿的金额便变得更大。

除了对教宗个人的保障之外，《保障法》还规定了能够充分确保治理普世教会之自由的一些要素。首先，法律禁止在宗座出缺期间施以任何干涉，并确保选举教宗之枢秘会议的自由举行，以及枢机们的个人自由。针对大公会议的举行也有类似的规定(保障法，第 6 条)，并禁止在举行会议的地方进行任何官方的公开活动，以避免对大会造成影响(保障法，第 7 条)。[39]

罗马教廷的成员及其职员也被宣布为不受“公共当局的打扰、调查或审查”，外籍人员“根据王国法律，享有与意大利人同样的个人保护”(保障法，第 10 条)。罗马教廷职员的活动也受到保护，同时也“不得对其书信、文件、书籍或在办公地和宗座圣部中纯属灵性的登记进行检查、搜查或扣留”(保障法，第 8 条)。总之，并未呈现出完全的保障，另一方面，对于法律的解释始终保留在意大利当局手中。

针对教宗与圣座的通讯(或交流)自由，也提供了一定的保障，但在意大利境内则受到了明显的限制。事实上，《保障法》的第 9 条强调：“罗马教宗享有圆满的自由履行一切属灵职务和在罗马所有大殿和教堂大门上张贴其上述职务的公告”。

然而，相对普世牧职，教宗所享有的通讯资质更为广泛。第 12 条肯定了“教宗针对所有天主教徒及主教享有圆满的自由，且不受意大利政府的干涉”。因此，法律也规定了教宗可设立电报局和邮局来满足其通讯，且免除一切税收，并享有国家所规定的电信特权，一切费用均由意大利承担：但是，圣座从未享有过此

---

39 “在《保障法》中，当论到教宗的俸禄时，也提到了不变性(第 4 条)：然而更重要的是在法案的讨论过程中及其之后，议员和官员们所做的声明，以及后来法院所表达的意见。某种程度上，《保障法》也被视为意大利王国宪法的一部分”(F. Scaduto, *Guarentigie pontificie e relazioni fra Stato e Chiesa*, cit., 437)。

类特权。

在国际领域内，《保障法》中明确规定，圣座享有主动与被动的使节权。一方面，《保障法》承认外国政府派驻于圣座的外交人员在意大利王国内享有国际法规定豁免权，同时也受刑事保护。同样，“圣座派驻于外国政府的外交人员于其上任和返回途中，在意大利境内，也享有国际法所规定的豁免权”（保障法，第 11 条）。

事实上，圣座的外交活动在“罗马问题”持续期间也并未中断，在随后的六十年中基本上保持了与圣座有外交关系的国家或政府数目。

## 3.3 《保障法》与教会自由

1871 年的《保障法》试图单方规范的另一事务就是坐落在罗马的教会培育中心和高等学院的法律地位，因为意大利政府深知，圣座通过这些机构开展着一项能够影响普世教会的教育工作。《保障法》第 13 条便针对此规定说：“在罗马及六处郊区的修院和为了教会教育与文化而设立的研究院、公学院和天主教学院，仍然隶属于圣座，且不受意大利王国教育当局的任何干涉”（保障法，第 13 条）。正如后来所看到的，类似的内容在多年后，被写入《拉特朗条约》的第 39 条当中。

《保障法》的第二章所涉及的是“国家与教会的关系”，这些宗教协定的典型内容，但是这部法律是意大利单方制定的，这部分内容概括了教会当局在意大利王国境内所享有的特权和义务。实际上，这些授权与限制是国家当局对教会活动的控制。

这一章的题目以笼统的方式声明“有权限制天主教神职人员聚会权的行使”（保障法，第 14 条）。然后，意大利政府也表示放弃对带有俸禄之教会职务的任命权或提名权，以及免除主教们向国王宣誓效忠的义务（保障法，第 15 条）。与此同时，却明确强调保留王室的护教福利(beneficio di patronato)和将附有俸禄之教会职务仅授予意大利人，但罗马城及郊区席位除外(保障法，第 15 条)。

同样，也声明废除针对教会文书的公布与实施所要求的批准、王室许可，以及政府的同意，与此同时，却保留有关教会财产之处理和罗马及其郊区席座之外教会俸禄职的安排所需之批准(保障法，第 16 条)。新修会的设立及其财产的转让也应遵从意大利法律，并规定针对教会财产的重组、维护和管理也将进行后续立法(保障法，第 18 条)。

最后，《保障法》第 17 条许可两个修会和世俗会的分离。还声明针对教会的决议不得向国家当局上诉，同时，也拒绝承认教会决议有强制执行的权利。国家治权完全保留是否承认教会当局所完成之行为的法律效力，并声明如若教会当局构成罪行，则不受刑法约束。

正如上述所言，虽然圣座从未接受《保障法》，但对意大利政府来说，在接下来的十几年当中，这部法律则承认维持意大利与圣座和天主教会关系的参照。此外，在意大利，一部相反教会自由，尤其是不尊重教会遗产的立法占据主导地位。

从国际层面上来看，[40] 对教宗国的占领和由意大利政府单方立法所赋予圣座的新章程，也呈现出相互矛盾的问题。事实上，一方面，罗马教宗的世俗权力并不存在则突出了宗座的国际“主体性”，而宗座并不只是与教会本身不同，而且自身也拥有实体性，且不依赖于世俗权力，而教宗作为国家元首，很久以来一直享有这世俗权力。圣座的这种主体性在 1917 年所颁布的《天主教会法典》第 100 条得到了正确的表达，其中肯定：“天主教会

---

40 参：F. Cammeo, *Ordinamento giuridico dello Stato della Città del Vaticano*, Firenze 1932, 16-17。

及宗座因天主规定取得法人之资格”。[41]

但是，从另一方面来说，现实的情况是如何解释这种主体性，从常规上来说，全部领土已经被占领，也没有了国民，所以已经不复存在。然而，这些理论上的异议，在整个“罗马问题”悬而未决期间，事实上并不存在，因为国际上其它国家对圣座的承认并未改变，同时，圣座往新国家派驻外交人员也很及时，尤其是第一次世界大战之后的那段时期。

撇开这段时期属地主权不看，圣座在国际上的主体性基本上建立在三项事实上：1) 意大利承认圣座所享有的主动与被动使节权(保障法，第 11 条)；2) 国际惯例视圣座与其它国家所签署的政教协定为国际公约；3) 那些年在国际争端上圣座所担任的调解职能。[42]

尽管如此，意大利王国的外交政策仍然竭尽所能地孤立圣座的外交，特别是在签署国际重大公约的时候，比如，在第一次世界大战结束后，意大利一直在努力避免“罗马问题”成为国际协商对象。[43]

《保障法》颁布两天后，教宗庇约九世藉着《我们在那里》(*Ubi nos*)通谕[44]做出了官方回应，完全拒绝了意大利的主张。在重申已经表达过的立场之同时，教宗也声明“愿意完整保留宗座

---

41 1917 年法典 100：“*catholica Ecclesia et Apostolica Sedes moralis personae rationem habent ex ipsa ordinatione divina*”。

42 参：P. Ciprotti, *La posizione internazionale della Santa Sede alla luce di recenti documenti inediti*, in “La comunità internazionale”, 29, 1974, 411。

43 正如卡迪亚(Cardia)所言，意大利“在涉足英法战争之前所签订的秘密条约中加入了一项条款，根据这项条款，不许圣座参加战争后，为了厘定战后和平与平衡所要召开的会议”(C. Cardia, *Principi di diritto ecclesiastico…*, cit., 303)。

44 参：Pio IX, enc. *Ubi nos*, del 15 maggio 1871, ASS 6 (1870-1871) 257-263。另参：A. Piola, *La questione romana nella storia e nel diritto*, cit., 57 ss。

的所有权利”，并明言意大利所提供的一切“不存在豁免权”。

教宗的抗议针对由意大利所建立的新的秩序，并没有任何实际的效果，而意大利依然持守着反教权性质的政治策略。与此同时，圣座则极力邀请意大利的天主教徒不要参与国民集会，甚至，也不要参与意大利王国的公共生活[45]：这种邀请在随后的几年(1886 年)甚至变成了由圣部所颁发的真正禁令。[46]

至于财政状况，则为圣座开启了一段极为艰难的时期。[47] 丧失了教宗国先前的经济来源，同时又不愿接受意大利所提供了经济赔偿，圣座不得不向普世教会寻求援助，以满足中央政府的需要。特别是教宗良十三世从 1878 年开始，为了这个目的，而已更有效的方式重组了“圣伯多禄善会”这种机制，通过这种机制全世界的信友和教区向圣座提供经济援助，以确保圣座及教宗慈

---

45 “禁止意大利天主教徒参与国家的政治生活，责令天主教君王和国家首领，在来罗马城时，切勿拜会意大利国王，以免陷入教宗所处的恶境中”（C. Cardia, *Principi di diritto ecclesiastico…*, cit., 303）。

46 参：F. Jankowiak, *La Curie Romaine de Pie IX à Pie X. Le gouvernement central dell'*église *et la fin des* états *Pontificaux*, Roma, 2007。

47 “由于教宗国丢失了最为富饶的省份，收入便大大缩减。愿意继续担负原来所有的公共开支的这种意愿也使经济危机更趋严重。虔诚的信友们便自发地开始向教宗捐献。首先开始这种奉献的是 1859 年一个意大利人和一个利奥博利(Leopoli)的波兰人，但二者都居住在英国。伦敦的一份天主教报纸报道了他们捐献的消息「这是为数不多的一笔钱，以应付致力于压制针对教宗国之反抗的武装部队所需的费用」。这一举动很快便在维也纳，然后是整个匈牙利、德语国家，最后是法国和比利时，引起了很多天主教徒的回应。圣座公使和罗马教廷甚为惊奇，因不知缘由，甚至有所保留地还阻止在天主教徒之间逐渐形成了竞争趋势：后来才发现这完全是自发的运动，不但没有中止的意思，甚至随着教宗世俗权力的逐渐丧失，这种捐献还日益增多，于是梵蒂冈便开始鼓励和引导这种举措。如此以来，在 1859 年末至 1860 年初，便诞生了被称之为圣伯多禄善会(l'obolo di San Pietro)运动”（G. Martina, *Pio IX [1851-1866]*, cit., 22）。关于这段时期圣座的财政问题，请参：J.F. pOLLARD, *El Vaticano y sus banqueros. Las finanzas del papado moderno*, 1850-1950, trad. spagnola, Barcellona 2007, 35-69。

善工作的管理和进展。最初这些资金是以零散的方式，通过各种渠道抵达圣座的，也是因为当时罗马教廷并没有专门负责接收和管理这些资金的部门。后来管理这笔资金的任务便委托给了国务卿，后教宗又任命了宗座大楼部部长(Prefetto dei Sacri Palazzi apostolici)担任一个由枢机主教组成的委员会之主席，来管理这个善会。

随着《保障法》在罗马省开始生效，教宗国先前的整个法律制度也由意大利王国所制定的法律所替代，而这些法律完全是以反神权的自由思想为基础的。正如《保障法》第 19 条所指出的，“凡是相反此法，到目前为止仍有效的一切法律均终止效力”。因毗邻教会元首教宗，多个世纪以来集中于罗马的所有宗教机构——修会、文化和教育机构、慈善事业等——也不得不委身于意大利王国的法律之下，只因少数机构处于梵蒂冈城内，而躲开了意大利的治权。随着 1873 年 6 月 19 日的法律——其中特别关注罗马城财产的国际来源——扩展至罗马省，1866-1877 年的反神权法律便开始限制一切类型的宗教实体的主体性及其法律行为能力，除了税务法之外，特别是在财产与商业领域内的行为能力。《保障法》第 16 条呈现得特别明确：“有关教会机构的设立和存在方式，及其财产让渡的法律规定”正式而完全生效。现在是国家制定哪些教会实体拥有法律主体性的能力或资格，除了那些为其活动完全不可或缺的实体外，绝大部分的实体并不具拥有动产的资格。堂区也不具法律主体性，而对于神职人员，由国家提供仅能够确保其最低需求的收入。

### 3.4 情形在《保障法》中的不确定性

对意大利法律构成例外的仅是为了教宗使用而留下的少许梵蒂冈领土，[48] 即使如此，仍有明确的限制，且缺乏治权，正如

48 有关《保障法》生效后圣座的法律地位，请参：A. Piola, *La questione romana nella storia e nel diritto*, cit., 105 ss. V. Del Giudice, *Manuale di diritto ecclesiastico*, 10a ed., Milano 1964。

1882 年罗马上诉法院所做了一个判决中所显示的一样。因未履行劳务合同，一位职员针对宗座大楼部部长提起了诉讼，而被告则提出异议，抗诉意大利法院没有治权，[49] 这一点在法庭上得到了广泛地讨论。

在允许宗座大楼部部长“引用国际法学者围绕着梵蒂冈豁免权和治外法权的理论和法理”的同时，法院驳斥说这种论证“事实上是不合时宜的，因为国际法和治外法权运用的前提是两个国家和两块领土。但在此案中，原告与被告都是意大利居民；梵蒂冈并不是一个国家，教宗也没有赖以行使世俗和民事主权的领土”。因此，“国际法的通用原则，根据公法学者的不同，无论是广义的，还是狭义的，都是不适用的；因此本案例事实上并不符合所要求的条件”。

然后，判决书转而分析《保障法》生效后所出现的法律情形：“教宗所拥有的主权本质上是荣誉性的，伴随着个人豁免权，旨在确保对其属灵权力的自由行使。教宗在全世界的天主教内行使其至高的属灵使命，并不是意大利王国或其它国家的属下；其人格是神圣的，不隶属任何其它治权，完全自由地履行其职务所包括的一切职能和公布文书”。随后又继续指出：“教士因其职务在罗马参与圣座的属灵使命，因此，也免除公共当局的一切调查或审查，但是这种超越现世目的的主权与世俗和政治主权没有任何关系，且没有领土、没有名分，针对依民法，无论是私法，还是公法，而就世俗事务所提起的争诉，也没有任何治权”。[50]

正如支持此立论的其它论证，判决书还阐述了之前所出现的具有重要法律意义的不同事实：“在梵蒂冈城内居住着一百多人，当然也会有新生人口和死亡的。这些通常都是登记在梵蒂冈所在

---

[49] 参：Corte d'Appello di Roma, Udienza del 9 novembre 1882, in “Il foro italiano” 8, 1883, 663-683。

[50] Corte d'Appello di Roma, Udienza del 9 novembre 1882, in “Il foro italiano” 8, 1883, 687-688。

行政区民政部门的居民，也记录在其它类似登记当中”。此外，还指出“在 1881 年意大利进行了人口普查。市政厅也在梵蒂冈派发了登记表，从居住在其中的枢机主教，到守卫，最后是其家人，都详细地填写了姓名和居民身份。发生在梵蒂冈城内的所有罪案，也始终且毫无异议地承认地方法官的权限”。

事实的确如此，然而，意大利议会在政府更替期间常表现出明显不同的趋向，在面对圣座和教会时，无可避免地也会在政策上产生不同的影响。意大利对宗座传信部——以行政自治，管理着用于传教区使命的一切财产——财产的没收和变卖，后来也明显地突出了《保障法》未能对圣座提供充分的保护。[51]

正如国务院在 1878 年答复当时的内务部部长克里斯皮(Francesco Crispi)时所声明的，《保障法》对意大利来说，“并没有国际公约的特征，因为是由国家立法权自发而自由颁布的，而是将其定义为国家内部最重要的公法之一，是一部组织法和政治性的法律，……是国家的基本法”。[52]

但是，随着新世纪的到来，在教宗庇约十世任期内，尤其是从意大利天主教徒与温和自由派联盟，以及 1904 年所颁布的《决心》(*fermo proposito*)通谕[53]开始，便逐渐出现缓和的迹象。[54]这

---

[51] 甚至《保障法》第 1 条所声明的对圣座外交豁免权的保护，在第一次世界大战中，当轴心国的大使们不得不放弃罗马，而迁移至瑞士时，也揭示了它的不足。当时，作为所谓的“战利品”而对威尼斯宫进行的充公，这里原来曾是奥匈帝国大使馆传统所在地。

[52] Archivio del Consiglio di Stato, Processi verbali delle Adunanze Generali, 55, 1878, 99. A. Piola, LA *questione romana nella storia e nel diritto: da Cavour al trattato del Laterano*, Padova 1931, 136. Vedi anche G. B. Varnier, *Gli ultimi governi liberali e la questione romana*, 1918-1922, Milano 1976。

[53] 参：S. Pio X, enc. *Certum consilium*, dell 11 giugno 1905, in ASS 37 (1904-1905) 741-767。

[54] 这种缓和的具体表现之一就是圣座对于世俗权力的立场可以体现在庇约十世期间教廷组织和架构上的改革。请参：E. Galavotti, *Sulle riforme della Curia romana nel Novecento*, in “Cristianesimo nella

部文件鼓励基督徒参与政治活动，尤其是通过人民联盟(Unione Popolare)——“旨在接纳所有阶层的天主教徒，尤其是围绕着一个在教义、传播和社会组织共同中心而聚在一起的广大民众”——和通过体制性运动，“代表民众在立法议会上直接参与国家的政治生活”。

同时，“也有严重的理由劝阻我们远离前任们的思路”，“根据这种思路，一般来说在意大利禁止天主教徒参与立法权”，但另一方面，新的情形又促使“所有天主教徒应明智而严肃地准备自己，一旦蒙召，便参与政治生活”，如此以来，“由天主教徒藉着为参与市政和省委员会的行政生活所做的好的选举组织而准备自己的活动，同样也延伸至适当的准备和组织起来，以参与全国性的政治生活”。

然而，事实上，尽管教会鼓励可发起天主教徒的政治组织，但直到第一次世界大战后 1919 年，教宗本笃十五世通过宗座圣赦院的法律措施，才将不参政的禁令彻底废除。

针对“罗马问题”的不同解决方案，在欧洲文化领域出现了争论，尤其是在德语国家中。虽然有些夸张，但在《保障法》颁布后，在第一次世界大战的背景下，出现了多种不同举措，这个问题也是以此作为对交战国之一的意大利施加压力的措施而出现的。虽然这个问题实质上来说属于意大利内部事务，但“罗马问题”也不能完全将圣座在国际社会上所享有的客观“道德权力”撇开不谈。因此，国家联盟未曾同意单边运用这种权力，解决方案也不能对此背景视而不见。[55] 事实上，恰恰因为此，圣座始终保持着——尤其是在战争期间——极端的中立立场，即使对意大利天主教徒因圣座世俗主权遭到践踏而正当地愤而抗争表示同情，

Storia", 35, 2014, 849-890。

55 参：G. Dalla Torre，*Lezioni di diritto canonico*, cit., 6；G. Barberini, *La Saint Siège et la notion de puissance en droit international*, in "L'Année canonique", 2000, 37 ss。

也依然保持中立。[56]

鉴于总的条件逐渐成熟，圣座本身似乎也在同一时期准备好了——很可能受到卡斯帕里枢机(Card. Gasparri)的推动——一份与意大利将要签订的条约草案。[57] 然而，在国际冲突中(第一次世界大战期间)因自身的中立性受到威胁，这一举措最终并未达成。[58]

## 4. 《拉特朗条约》筹备工作的价值

“罗马问题”的解决对教会和意大利来说，都迫在眉睫。第一次世界大战结束后，爱国热情高涨，并有助于克服旧有矛盾，尽管意大利外交政策上抵制圣座参加凡尔赛会议(Conferenza di Versailles)，但双方为了解决问题，仍然开始了一系列高级别的

---

56 在当时为了解决有关圣座地位之问题而出现了不同方案中，由埃茨贝格(Matthias Erzberger)向轴心国提出的方案与《保障法》有些共同点，后来《拉特朗条约》也采纳了其中的技术性解决方案。所提议案中的第一条开篇便强调：“缔约方承认教宗对一具体领土的世俗权力，这领土包括梵蒂冈山丘、通往台伯河的一代领土，以及通往维泰博(Viterbo)的铁路，取名为教会国(Stato della Chiesa)”。此外，第四条又指出：“教会国的居民为教宗特使、公使、代理公使、教廷成员、管理宗座大楼的职员和教会国职员；对这些人将颁发教会国居民证件。一旦其资格赖以存在的基础不复存在，其教会国居民身份也将丧失”(F. Ruffini, *Imperi Centrali e Vaticano durante la Guerra*, in “Nuova Antologia” 1921, vol. 212, 31, anche in *Scritti giuridici minori*, vol. I, Milano 1936, 221-247)。

57 参：F. Franceschi, *Tra la legge delle guarentigie pontificie e il Trattato lateranense del 1929. Lo schema di proposta di Trattato tra la Santa Sede e il Regno d’Italia del 1917*, in “Il diritto come scienza di mezzo. Studi in onore di Mario Tedeschi”, II, (M. d’Arienzo, a cura di), Cosenza, 2017, 1053-1068。另参：F. Ruffini, *Imperi Centrali e Vaticano durante la Guerra*, cit., 46 ss。 A. Piola, *I progetti per la soluzione della Questione romana*, in “Chiesa e Stato. Studi storici e giuridici per il decennale della Conciliazione tra la Santa sede e l’Italia”, Milano 1939, 429-440。以及 I. Garzia, *Il negoziato diplomatico per i Patti Lateranensi*, in “Il Politico”, 38, 1973, 280-309。

58 参：F. Ruffini, *Imperi Centrali e Vaticano durante la Guerra*, cit., 14。

非正式接触。

可以看到，随后的几年中意大利政治形势逐渐发生了改变，这主要是因为自 1919 年起，由天主教徒所组成了意大利民众党(Partito popolare italiano)开始投身于政治活动。1922 年教宗庇约十一世的当选为“罗马问题”的解决也开启了一个新的局面，与此同时，意大利新成立的法西斯政府也为了获得教会的支持而极力讨好圣座，另一方面也想藉由圣座而达成其政治目的。如此以来，双方便开始了秘密接触，并最终为保留教宗针对梵蒂冈有限的领土享有圆满主权的这种构想开辟了道路。

### 4.1 帕切利与巴伦之间的非正式接触

1926 年双方便开始了非正式的接触，圣座方面是由国务卿伯多禄·卡斯帕里枢机(Card. Pietro Gasparri)和律师方济各·帕切利(Francesco Pacelli)——他是后来的教宗庇约十二世的弟弟——二人出面，而意大利方面，则由议员多米尼克·巴伦(Domenico Barone)出面，巴伦与墨索里尼(Benito Mussolini)交往甚密，他几乎全程参与了协商工作，直至其去世。

巴伦议员与帕切利律师之间的第一次会面发生在 1926 年 8 月 8 日，[59] 这次会面具体分析了所涉及的复杂问题。双方事先都由相应当局获得了为这次谈判所需的授权，无论是意大利总理的授权，还是教宗与卡斯帕里枢机的授权。墨索里尼于 10 月 4 日给巴伦议员的一封信函也表达了铲除与圣座的一切分歧将会带

[59] 这一点参照了帕切利本人的日记：“*Diario della Conciliazione*”, a cura di M. Maccarrone, Città del Vaticano 1959。另参：C.A. Bigini, *Storia inedita della Conciliazione*, Milano 1942。J.M. Vázquez García-Peñuela, *A los ochenta años de los Pactos de Letrán: “La storia documentata della Conciliazione tra la Santa Sede ed il governo d’Italia” de Gasparri*, in “Anuario de Derecho Eclesiástica o del Estado” 27, 2011, 613-709。

来更多政治福利这种信念。[60]

对圣座而言，解决方案首先应以尊严和正义为准则，其次，应“确保圣座的圆满自由与独立，不仅仅是真实而有效的，而且也应是可见而显明的，对领土应有圆满而绝对的主权，无论是治权还是支配权，正如一个真正主权国家所享有的权力一样，在任何时候都是不可侵犯的”。由此看来，所有找到的解决方案显明不能仅关乎意大利，就好像是意大利的一个内部问题，因此“新的领土政治状态也应得到他国的承认”，这就使意大利政府不得不“最大程度地保证至少应得到与圣座和意大利都有外交关系的国家的承认”。然后，还要将有关教会法律在意大利之效力的协定[61]与政治公约合并，而这政教协定还应包括将天主教宣布为国教、对依民法结婚的天主教徒不具强制性，和在学习教授宗教的自由。[62]

除了以指定的方式定性所需要划分的政治实体外，圣座最初还要求至少拥有一块领土——当时还包括佩恩斐利别墅(Villa Pamphili)，还要签署一项财务性质的条约，作为意大利在统一过程中所没收之教会财产的赔偿。

至于意大利，即使圣座已表达了放弃其它的赔偿要求，但也不得不予以考虑。意大利政府也表现出不愿让圣座参与国际事务的讨论，即使参与也仅限于道德、宗教或文化事务，总之不应呈现得——至少在一开始——有如一个真实的国家形象。可以看到，这种诉求相对于构成新实体的领土和属下的存在而言，由圣座单方所做的不涉足国家之间竞争的声明，也不乏是一种解决方案。[63]

对圣座而言，新实体应具备之“国家”的概念是坚决持守的，

---

60 参：Lettera del 4 ottobre 1926 di Mussolini a Barone, in *Diario della Conciliazione*, 207。

61 参：同上，209-210。

62 参：F. Pacelli, *Diario della Conciliazione* … cit., 11。

63 参：同上，14。

对方最终不得不接受这一点。[64] 很快便指定了应拥有的称谓——梵蒂冈城国(*Civitas seu Status Vaticani*)，同时也明确要求划分出领土界限和审度其它地方的法律地位，诸如各宗座大殿。[65] 圣座所要求的经济赔偿最终也得到了解决。

### 4.2 法西斯政府在政治谈判中的影响

在 1926 年 11 月时条约的初步草案已经形成，次月意大利国王便对条约内容给予了极大的认同，同时也作出了一些具体的指示，[66] 并批准开启非正式谈判。但是，谈判很快便受到了法西斯政府一些法律在意大利所造成之社会-政治形势带来的影响，尤其是有关天主教教育和协会的法律所造成的影响。政权意图在自己的组织体系内对青年教育进行绝对了控制，因此便将天主教进行会(Azione Cattolica)的举措视为障碍。对教宗而言，这是"罗马问题"最为重要的问题，[67] 因为涉及到教会在意大利的牧灵工作，这是 1927 年初即将通过之协定草案的基本内容。所以从制度角度来说，为了使谈判获得成功，"罗马问题"是欲保证教会在意大利自由开展牧灵活动之政教协定不可忽略的问题。[68]

---

[64] 参：同上，20。

[65] "悬而未决的问题，即从广义上确保圣座的圆满自由和独立的诉求与将新国家之领土缩减至最小的诉求之间的协调，最终在所谓的治外法权这种法理中得到了解决"(G. Dalla Torre, *L'istituto della extraterritorialità nei lavori preparatori del trattato lateranense*, in "Archivio Giuridico", 233, 2013, 33-55)。

[66] 应是一项不可撤销的条约，不受单方取消的约束；设立火车站的要求不应服务于公众；需要规定一旦发生战争，交战国的代表应根据与圣座协定的方式，远离圣座。最后，意大利提出了国家的两种称谓："教宗城"或"梵蒂冈城"(参：F. Pacelli, *Diario della Conciliazione* … cit., 32)。

[67] 参：F. Pacelli, *Diario della Conciliazione* … cit., 38；A. Piola, *La questione romana nella storia e nel diritto*, cit., 213ss; F. Margiotta Broglio, *Italia e Santa Sede, dalla Grande Guerra alla Conciliazione*, Bari 1966, 180ss。

[68] 参：S. Romani, *L'inscindibilità dei Patti Lateranensi*, in "Monitore ecclesiastico" 48, 1936, 228-240。

在接下来的几个月，教会在意大利展开了高强度的运动，有些人则保持着慎重的冷静，而有些人则组织的聚会，然后，因法西斯政府的摇摆不定，出现了极不稳定的形势且缺乏信任。政府层面所呈现出调解的姿态，但事实上依然在意大利各地教唆组织针对天主教机构的各种政党。紧张的形势甚至破坏了对话，[69] 另一方面，意大利国王也不看好这次对话。[70] 事实上，直到 1928 年 11 月 22 日，意大利国王致函墨索里尼，才授权正式开启与圣座的正式谈判。[71]

当谈判者们已经达到一个相当成熟的阶段后，意大利政府却表现出不能承担给予领土的责任，而只能认可梵蒂冈的主权，也就是在意大利从未曾占领过的领土内的主权。[72] 虽然这种立场并未得以立即接受，但是圣座最终也接受了提议，同时也放弃了对其它领土的诉求。[73]

有关应向圣座所做的经济赔偿、支付方式和期限的谈判也是协商了一项内容，且因着意大利财政的具体状况而变得非常曲

---

69　正如布鲁略(Margiotta-Broglio)指出的："从 1927 年 6 月 23 日到 1928 年 1 月，帕切利-巴伦之间的谈判，因圣座的要求，然后意大利政府于 8 月 6 日也表达了同样的愿望，最终被取消"(F. Margiotta Broglio, *Italia e Santa Sede, dalla Grande Guerra alla Conciliazione*, cit., 182)；另参：F. Pacelli, *Diario della Conciliazione* … cit., 89；M. Vázquez García-Peñuela, *A los ochenta años de los Pactos de Letrán.*, cit. 632ss。

70　参：F. Pacelli, *Diario della Conciliazione* … cit., 101；C.A. Biggini, *Storia inedita della Conciliazione*, Milano 1942。

71　参：F. Pacelli, *Diario della Conciliazione* … cit., 379-380；M. Vázquez García-Peñuela, *A los ochenta años de los Pactos de Letrán.*, cit. 647ss。

72　参：F. Pacelli, *Diario della Conciliazione* … cit., 83；

73　自谈判的一开始就提到了一些领地，比如，佩恩斐利别墅(Villa Pamphili)，在谈判的其它机会上，也提到了在菲乌米奇诺(Fiumicino)机场保留一个登机口，和对铁路的自由使用或在奇维塔韦基亚(Civitavecchia)保留一个自由港口(参：F. Pacelli, *Diario della Conciliazione* … cit., 65-66)。

折。协定中有关这一点的内容也几乎延迟到了《拉特朗条约》签署的日期——即 1929 年 2 月 11 日——才决定下来。[74]

在必需将于拉特朗宫所签署的草案呈递给议会批准的机会上，意大利总理墨索里尼提出应将庇约十一世多次使用的条约与政教协定的不可分性概念搁置一侧。意大利政府是想避免形成一种观念而认为"罗马问题"最终并未解决；此外，也有个别法西斯政治家设想教宗的坚持或许是为了能够悄然地不遵守政教协定，哪怕是圣座的问题得以解决。然而，圣座的观念非常明确：即使是二者的法律性质不同，但二者的内容是相互补充的。[75]

最后，通过商榷与修改，决定藉着发布一项隆重的附带声明来解决争议，在这声明中，"签约双方在签署《拉特朗条约》的批准书时，都重申，无论是在字面上，还是在精神上，各自忠实遵守不可撤销之条约，并彼此承认对方的主权，和彻底解决罗马问题，而且也忠实地遵守政教协定，及其规范宗教和教会在意大利之身份的目的。此外，签约双方还要声明在落实政教协定过程中，无论出现怎样的分歧，均不得以任何方式使签约方在签署条约和政教协定之前添加任何条件"。[76]

### 4.3 条约的签署与庇约十一世在其讲话中的解释

在经历了三十个月的谈判和随后众多的草案，《拉特朗条约》的两份文件终于准备就绪。一方面，第一份文件就是一项国际条

---

74 根据帕切利的记述，教宗"对我说，他认为最好放弃圣部大楼(Palazzo del S. Officio)连同圣伯多禄小堂、Muso Petriano 和梵蒂冈城外的毗邻领土，而仅要求治外法权的特权：因为在这个区域有圣伯多禄制造局(Fabrica di S. Pietro)的锯木厂，需要来回运输大块的石灰石，也会为第三方进行加工。教宗委托我向墨索里尼表达这种意向"（参：F. Pacelli, *Diario della Conciliazione* … cit., 125-126）。另参：A. Van Hove, *Le concordat entre le Saint-Siège et le gouvernement italien*, in "Nouvelle Revue Theologique" 56, 1929, 518-548。

75 参：F. Pacelli, *Diario della Conciliazione* … cit., 150。

76 F. Pacelli, *Diario della Conciliazione* … cit., 151-153。

约，承认宗座的国际主体性及其圆满的主权，而其主权领土则是由梵蒂冈城所组成；另一方面，第二份文件则是意大利王国与宗座之间的政教协定，旨在规范教会在意大利语国家的关系，以及双方所关心的事务。

1929 年 2 月 11 日，卡斯帕里枢机与意大利政府首脑墨索里尼，二者以全权代表的身份，在拉特朗宫隆重地签订了条约。随后，条约内容得到了双方的批准，并根据相应的程序，在 1929 年 6 月 7 日双方交换了条约批准书。

1929 年 2 月至 3 月间教宗所发表的三次讲话明确地解释了圣座藉着这项条约所要达到的目的。在 2 月 11 日当天，教宗在四旬期开始之际于接见罗马城区的堂区主任们的机会上，所做的第一次讲话中，他揭示了“就在此时此刻”正在签署一项条约和一个政教协定，意在承认和确保圣座享有真正而真实的领土主权，“这对受天主之命，并代表天主，且不隶属于现世任何主权之下的人来说，是必需而应该的。这项我们自始便愿意将其与条约不可分地结合在一起的政教协定，经过漫长是岁月才得到达成，旨在以正确的方式规范宗教在意大利的身份”。[77]

教宗为了确保谈判的严肃性，便指出：“所提到的条约，无论是思路，还是表达，无不包括在——至少三十多次——我们的研究、默想和更多的祈祷当中”。与此同时，教宗还强调，对圣座而言，这项条约毫无疑问地是我们自始便拥有之主权的表达。

从这种意义上来说，以何种方式将《拉特朗条约》的签署告知于派驻于圣座的外交使团各成员便显得尤为重要。事实上，为了通报此事而在 3 月 9 日所发表的讲话中，教宗庇约九世解释说，圣座此举无意请求向各国许可，也不是请求同意或设法为圣座提供保障，而只是为了履行向派驻于宗座的各国代表进行通报的基

---

[77] 参：M. Vázquez García-Peñuela, *A los ochenta años de los Pactos de Letrán.*, cit. 654ss。

本义务。[78]之所以向外交代表进行通报，“是为了使各国采取行动，意即仅是为了他们得知消息”。[79]

在那次机会上，在论到狭小的领土时，教宗重申：“我们所要求的这片领土的确很小，小到不能再小的程度”。教宗之所以选择要求这狭小的领土，是因为领土“对任何真正的治权性主权来说，都是不可或缺的：这领土虽小，但已足够支撑这主权了；这领土虽小，但若没有它，主权或许也就不存在了，因为没有赖以支撑的基础。总之，我们觉得应从圣方济各所言之角度来看：肉身虽小，但足以与灵魂结合在一起”。教宗还利用这次机会针对那些认为圣座在经济赔偿领域的要求太过分的人，为圣座做了辩护。[80]

在 1929 年 2 月 13 日的另一次针对米兰天主教大学的教授与学生们的讲话中，教宗强调了构成《拉特朗条约》的协约与政教协定这两部文件之间存在的密切连系。

教宗还指出，“罗马问题”的症结在协约中得以解决，同时也满足了圣座所要求的圆满主权。但是，这也不能全然保证“一个由意大利这么多年的蹂躏下，陷入这种境遇中的国家”赖以存

---

78 教宗在 1929 年 3 月 9 日向派驻于圣座的外交使团重申了同样的观念，并向他们表示感谢，因为自 1870 年以来一直保持着与圣座的外交关系，另一方面也使“罗马问题”所达成的解决方案变得更为容易和理解(参：Pio XI, Allocuzione del 9 marzo 1929, in AAS 21[1929]172-174)。另参：M. Vázquez García-Peñuela, *A los ochenta años de los Pactos de Letrán.,* cit. 662ss。

79 参：P. A. D'Avack, *Sul riconoscimento dello Stato Vaticano da parte dell'Italia e degli Stati esteri*, in “Il diritto ecclesiastico” 1929, 382。

80 除了上述已经提到的意大利所没收了教会大量财产——现如今因着政教协定，圣座不予追究——之外，教宗还提醒说，圣座必需采取措施，以确保自己在经济上的独立，“若没有这种独立，便很难确保自身的尊严和实际的自由”，此外，教宗还重申他相信全世界信友们的爱德，“这爱德便是神圣眷顾之奇妙作为的切实表达，圣伯多禄善会便是天主自己的手臂，我们已经看到在这七年来所完成的奇妙作为”。包含在条约第四附件中的《经济条约》明确指出，鉴于世界大战后，意大利所面临的经济困难，圣座愿意缩减经济赔偿。

在的基础。因此，政教协定便如同是确保协约不变的要素，是赞同通过双方协定而重整意大利教会法的必要条件。[81]“为了使协约得以落实，则需要创造条件；而为了创造条件，则需要政教协定”，这就是为什么必需同时协商和签订这两部文件的原因。

于是，1929 年 6 月 7 日上午 11 点，在宗座大楼圣部大厅，卡斯帕里枢机与墨索里尼最终隆重地交换了批准书。

## 5. 梵蒂冈城国最初法律的安排

《拉特朗条约》厘定了相关法律主体的基本因素后，这个新生的国家便立刻筹备制定自己的法律体系。为此，教宗庇约十一世设立了一个宗座委员会，并在 1929 年 2 月 23 日，任命帕切利律师负责准备立法草案，同时，任命卡梅奥教授(prof. Federico Cammeo)给予协助。[82]帕切利还要为了解决出入设置、通讯，以及刚刚签署之条约中明确附带的其他事务，与意大利当局进行协商。[83]工作进展顺利，在 3 月初便已准备好了构成梵蒂冈城国法律架构的四部基本法律草案：一部有关国家架构的基本法；一部有关协调不同法律体系的法律渊源法；一部有关国籍的法律；最后是一部经济法。后来，针对这四部法律又增添了一部行政法和一部公共安全法。在六月初教宗接见的日子里，这些法律草案便

---

81 这种慎重的预防措施的出现也是出于过去那些年的经验，参：C. Cardia, *Novanta anni dai Patti Lateranensi*, in “Ephemerides iuris canonici” 59, 2019, 421-444。

82 卡梅奥当时是佛罗伦萨大学法学院的教授，希伯来人，在诉讼法、行政法、商业法等领域都有很深的造诣，并在 1932 年完成了他的第一部著作《梵蒂冈城国的法律制度》(*Ordinamento giuridico dello Stato della città del Vaticano*)。由于其宗教原因(信仰犹太教)，卡梅奥便被大学辞退，并于 1939 年在佛罗伦萨去世。参：F. Rovelli, *L’ordinamento interno dello Stato della Città del Vaticano*, in AA.VV., *Chiesa e Stato. Studi storici e giuridici per il decennale della Conciliazione tra la S. Sede e l’Italia,* vol. II, Milano, 1939, 65。

83 参：F. Pacelli, *Diario della Conciliazione* … cit., 129。

被呈递给了教宗，如此以来，所有法律文本只待审核通过。[84]

这样，双方便在 1929 年 6 月 7 日交换了《拉特朗条约》批准书，与此同时，教宗庇约十一世藉手谕颁布了由六部法律所组成的梵蒂冈法，这六部法律分别是：梵蒂冈城的基本法；法律渊源法；国籍与居留法；行政法；经济、商贸与职业法，以及公共安全法。[85]

至此所完成的法律体系的构建，因梵蒂冈城国刚刚建立，不出意料地呈现出了不可避免的不确定性；事实上，即使因着十年后不得不对法律体系进行更新，而废除了最初的法律之后，当时所采用的主要立法技术依然呈现出了其有效性。

除了最初的不确定性外，在最初法律制定过程中的主要困难就是必需与支撑教会法的原则和法理保持一致，因为教会的首领也是新成立之梵蒂冈城国的元首。事实上，将来以属灵目的为宗旨的法律体系所遵从的法律准则运用到国家法律当中的这种义务，要求技术上保持一致，且尊重精神秩序的基础。达到这种平衡的要求便是梵蒂冈法律体系所面对的主要挑战之一，随着教会法本身不断的更新，梵蒂冈法律体系也将逐渐地获得完善。

在 1929 年 6 月最初所颁布的法律，其中有些如今已经废除，还有一些则由更为现代的法律所代替，只是作为初始法律而得以保留，因此它们的原始功用已经都新的法律所取代，从技术角度来说，正如当代经济-社会局势所要求的，其使命已经完成。

---

84 同上，148。

85 参：J.I. Arrieta, *Codice di norme vaticane*, Venezia 2006, 191-230。另参：Governatore dello S.C.V.: l'Ordinanza n. VII del 8 giugno 1929 *con la quale si disciplina in via provvisoria l'accesso in detta Città*, in AAS Suppl. 1 (1929) 31-34; l'Ordinanza n. VIII del 30 luglio 1929 *relativa al servizio postale*, , in AAS Suppl. 1 (1929) 38.44; l'Ordinanza n. IX del 28 settembre 1929 *relativa al servizio sanitario*, in AAS Suppl. 1 (1929) 45-46; l'Ordinanza n. X *relativa ai servizi telegrafici e telefonici*, in AAS Suppl. 1 (1929) 49-52。

## 5.1 基本法(n. I 法案)

《基本法》作为第一号法案，从教宗在立法、行政和司法领域的圆满主权出发，阐述了梵蒂冈城国的组织结构与权力。虽然将其命名为《基本法》，但是却是以与其它五部法律相同的形式颁布的。第一号法案的效力一直持续到在 2000 年 11 月 26 日所颁布的新《梵蒂冈城国基本法》[86] 在 2001 年 2 月 22 日开始生效。然而，在那些年，初始法律曾多次遭到废除，这是因为新的社会要求不断出现，促使不断地更新文件所导致的。尤其是，最初是想将国家主席(Governatore)的职务委托给一位平信徒(第 7 条)，然而，自从 1952 年开始，主席的职务便一直空缺，梵蒂冈城国第一任主席塞拉菲尼(Marchese Camillo Serafini)去世后，便再未曾委任给任何人。

## 5.2 法律渊源法(n. II 法案)

第二号法案自一开始便形成了梵蒂冈法律体系的框架，因为它指出了在国家领土内现行法律的准则和解释及实施法律的阐释性原则。其主要成就即在于为法律的不同领域——民法、刑法、经贸法、诉讼法、劳动法等——勾勒出了架构，以及维持了汇集于梵蒂冈法律中三种法律体系的平衡，即教会法、梵蒂冈法和意大利法，而意大利法更多地是发挥了补充的作用，而在近期由欧盟所颁布的法律也发挥着同样的作用。在 1929 年之后的十几年，法律渊源法中的部分内容也被废除，直至 2008 年 10 月 1 日《关于法律渊源》的第七十一号法案的颁布，[87] 才完全废除了原来的渊源法。鉴于法律秩序复杂的更新，新的法律与前法拥有同样的

86 参：若望保禄二世，《梵蒂冈城国基本法》(*Legge Fondamentale dello Stato della Città del Vaticano*)，2000 年 11 月 26 日，载于《宗座公报》附录 71(2000)75-83；2023 年 5 月 13 日，教宗方济各又修订和颁布了新的《基本法》。

87 参：本笃十六世，《关于法律渊源》的第七十一号法案(Legge n. LXXI *sulle fonti del diritto*)，2008 年 10 月 1 日，载于《宗座公报》附录 79(2008)65-70。

作用，基本上保留了 1929 年所采用的立法技术原则。

### 5.3　第三号法案：国籍与居留法

第三号法案首先意在拓展《拉特朗条约》第 9 条有关圣座主权之主体所规定的内容，以及遵从其它关于居住和进入梵蒂冈所规定的义务与要求。这部法律直到 2011 年，因着《有关国籍、居住与出入之第 131 号法案》的颁布，[88]而被废除并丧失效力。

### 5.4　第四号法案：行政法

第四号法案阐述了梵蒂冈城国的行政机构、主席职的结构及其活动。尽管这部法律并未被正式地废除，且经常被当今所颁布的文件引用，但其内容很大程度上已被废除，且由后来新颁布的梵蒂冈城国管理法所取代，[89]这一点我们将在第三章中进行阐述。

### 5.5　第五号法案：经济、商贸与职业法

第五号法案，顾名思义，旨在规范在梵蒂冈城内的商业活动和与意大利王国的经济活动。由于领土空间的限制，具有一定的国家干预和垄断的特征，这部法律基本上包括四部分内容：有效货币、物权制度、货物运输，以及国内的职业工作。尽管这部法律从未被正式废除，但是其内容逐渐地因其它特别法的颁布而废除和取代。

### 5.6　第六号法案：公共安全法

第六号法案包括对一系列事务的禁令，总的来说，所涉及的是被视为国民政治权利的事务。这些禁令至今仍然有效，如果考

---

88　参：本笃十六世，《有关国籍、居住与出入之第 131 号法案》(Legge n. CXXXI *sulla cittadinanza, la residenza e l'accesso*)，载于《宗座公报》附录 82(2011)1-7。

89　参：教宗方济各，《有关梵蒂冈城国之管理第 274 号法案》(Legge n. CCLXXIV *sul Governo dello Stato della Città del Vaticano*)，2018 年 11 月 25 日，载于《宗座公报》附录 89(2018)221-236。

虑到梵蒂冈城国的“职能性”特质，而其中唯一“政治”权利的领衔者便是教宗，那么对此便能够理解了。这部法律的语言与其颁布时的历史背景完全相符。

# 第二章
# 梵蒂冈城国的结构与要素

## 1. 缔约方的法律地位与新主体的结构

### 1.1 概述

1929 年 2 月所签署的《拉特朗条约》从法理角度勾勒出了梵蒂冈城国的基本要素及其在国际层面的主体性法律地位，特别是与意大利国之间的关系。正如在其“序言”中所指出的，此条约的目的即在于消除圣座与意大利之间的分歧，为双边关系制定最终的解决方案，确保圣座真实而稳定的法律地位，这就意味着也要确保圣座在现世履行其至高使命时享有绝对的独立。这也是圣座自一开始所欲达到的基本目的。

《拉特朗条约》所包含的两部文件之间虽有密切连系，但其内容所涉及的法律实情却是独立的，各自所涉及的历史变迁也互不相同。或许正是因为二者之间的这种密切关系，协约中的一些要素才能更好地出现在政教协定当中，同时，协定中的一些主题也被很好地安置在协约里面。

这种自主性和这种密切关系的显明例子就是协约第 1 条的内容，一开始便肯定了天主教是国家的国教：“意大利承认并重申 1848 年 3 月 4 日意大利王国宪法第 1 条所制定的原则，即使徒性罗马天主公教是国家的唯一宗教”。宣布国教在当时政教协定的背景下是常有的事，也是历史特定时期的产物，因此也是协约第 1 条适应那个时代所应做的事情，不过后来即使在教会内，这种做法也已经被克服。事实上，后来意大利的宪法改革也确定了必需重新审视这条内容，而在 1984 年重新修订与意大利的政教协定时，双方都赞同“不再将《拉特朗条约》最初所申明之天主教为意大利唯一国教的原则视为有效”。[90]

在做了这些简单介绍之后，接下来我们将探讨由《拉特朗条约》所促生的这个新生国家所具有的创设性特征，特别是由协约所涌现之法律主体本身的性质，以及其领土和国籍等要素。为此，我们还要分析关于此议题的法理所勾勒出的较为重要的特点，尤其是拉特朗条约签署后的那些年所出现的理论，以及规范这些因素的成文法律。

新生的梵蒂冈城国的出现，连同其明显的独特性，在理论上，从其法律-体制属性出发，促生了多种争论。意大利从自身领土中——事实上也从未想正式地将其占有——“分出”一小块给梵蒂冈城国这一事实，并不必然地促生这个所产生的实体必需具有国家性质和在国际上具有法律主体性。所以应先考虑两个主体的法律身份，以及协商中所提出的先决条件，然后再分析国际社会作何反应，是否正式承认谈判的最终结果。[91] 还应审视主体在国际层面上的法律行为能力，因为所涉文件的法律性质也取决于此；最后，还需要明确在教宗国与梵蒂冈城国之间哪些因素具有延续性，并能凸显出圣座的国际主体性。

为了评估这些问题，成文法中的要素主要集中在《拉特朗条约》的三条规定中。其中第 2 条声明：“根据圣座的传统及其在

---

90 Prot. Add. 1 all'*Accordo tra la Santa Sede e la Repubblica Italiana* del 18 febbraio1984 che apporta modificazioni al Concordato Lateranense, in AAS 77(1985)521-578。关于梵蒂冈城国，请参：P. A. D'Avack, *Vaticano*, in “Enciclopedia cattolica”, XII, Città del Vaticano 1954, coll. 1040-1053。

91 事实上，正如柏特龙切利(Petroncelli)所指出的，“在国际法中，实体的法人身份并不来自于更高法律的批准——因为没有这样的法律存在，至少并无意诉诸于法律之外的原则——正如在国家内部法律上一样，而是唯独来自于这些主体在处理问题时的表现，理论也不能否认这些国际主体的资格”（Petroncelli，*La Santa Sede e lo Stato della Città del Vaticano*, in “Rivista internazionale di scienze sociali e discipline ausiliarie”, III, [1932] 175）。

世使命的需要，意大利承认其在国际上的主权为其本质的固有属性”。第 3 条又补充说：“意大利承认圣座对梵蒂冈拥有完全的所有权、专属和绝对的主权和最高管辖权，就其目前的结构，包括所有附属建筑和设施，按照本条约规定的特殊目的和方式建立梵蒂冈城”。最后，第 26 条在其第二段总结说：“意大利也承认在教宗主权之下的梵蒂冈城国”。

总之，从条约内容可以看出，意大利承认圣座是一个国际主体，因为圣座在国际舞台上有着悠久的历史，并声明了在梵蒂冈领土上享有主权与绝对的治权，承认梵蒂冈城的国家身份，是“在教宗主权之下”的国家，也是在圣座领衔者主权之下的国家。[92]

## 1.2 关于新“实体”的性质和缔约方地位的法理争论

从理论上来说，对由协议而产生之行为的解释并不是一致的。尤其是在签约后的那几年，[93] 关于对缔约双方的主体性及其法律地位的判断出现了不小的争议，进而，关于二者之间关系的

92 一些年之前，1917 年版的教会法典中的第 7 条，根据 1908 年 6 月 29 日所颁布的《智慧计议》(*Sapienti consilio*)宗座宪章和圣部在 1892 年 1 月 13 日所做的答复，明确规定：“本法典所用宗座或圣座之名称，不但为罗马教宗，即教宗为管理天下圣教会所使用之圣部、法院，圣职公署亦用之；但因事由之性质或条文之联络显有其他意义者，不在此限”。

93 鲁斐尼(Francesco Ruffini)在其 1936 年的著作《梵蒂冈城国：批判性探讨》(*Lo Stato della Città del Vaticano. Considerazioni critiche*, in “Scritti giuridici minori” I, Milano [1936] 297-326)中，对由《拉特朗条约》所引发之法理性的不同反应做了概括性的介绍。关于缔约方之主体性，请参：G. Baadore Pallieri, *Il rapporto fra Chiesa Cattolica e Stato Vaticano secondo il diritto ecclesiastico ed il diritto internazionale*, in “Rivista internazionale di Scienze Sociali e Discipline Ausiliarie”, III, 1 (1930) 195-221; C. Iannaccone, *I rapport giuridici fra lo Stato della Città del Vaticano e lo Stato italiano secondo il Trattato del Laterano*, in “Chiesa e Stato. Studi storici e giuridici per il decennale della Conciliazione tra la Santa sede e l’Italia”, Milano 1939, 5-49; Bertola, *Corso di diritto ecclesiastico*, Torino 1950, 175 ss。

类型和法律行为的性质便有了不同结论。不同的立场也囊括了对历史发展之事实的不同评价。

有些天主教学者最初就肯定教宗国并未因意大利王国在1870年的胜利而被完全消灭，因为圣座在意大利从未占领过的梵蒂冈山丘这一带一直保持着主权。然而，大部分学者却持相反意见，[94]他们认为在这种事实当中只是一种限制，是由意大利政府在《保障法》的第5条中所强加的限制，仅将梵蒂冈宫置于教宗不可让渡的控制权下。此外，由《拉特朗条约》所缔造出的梵蒂冈城国所具有的"独特性"，恰是出自由意大利与圣座的条约通过从未有过的形式[95]"从新"创造的主权及其性质，而这种新的形式所需要的出发点便是缔约双方相互承认彼此的国际主体性。

也有学者引证不同的理由来否认新实体的国家性质，诸如国家领土或人口的有限性[96]（事实上，这两项因素并不是确定一个国家的决定性因素，主权才是决定性要素），或者，不具备一个国家的典型目的或利益。然而，虽然不同于其他国家，但这种目的或利益对梵蒂冈城国来说，却是不可否认的，因为梵蒂冈城国的建立正是确保圣座独立的工具。

---

94 正如莫莱利(Morelli)所指出的，这样的立论"除了与事实相反外，因为事实证明了教宗国原有的国家组织机构已完全被解散，而且圣座的态度也证明了这一点，因为圣座一直抗议说其赖以存在的领土，因新近的条约，而全被篡夺，并建立了一个从未存在过的国家，通过以对意大利国家法律重要的关系取代一直真正而绝对的主权关系，而将圣座变成了梵蒂冈领土所有权的领衔者"（G. Morelli, *Il trattato tra l'Italia e la Santa Sede*, in "Rivista di diritto internazionale", 1929, 199）。

95 例如，卡迪亚的结论："1929年的条约以及1871年的《保障法》，都代表着与过去完全没有历史性和法律性的延续性"（C. Cardia, *Vaticano e Santa Sede dal Trattato lateranense a Giovanni Paolo II*, in P.A. D'AVACk, *Vaticano e Santa Sede*, Bologna 1994, C. CARDIA [a cura di], 36）。另参：G. Arangio Ruiz, *La Città del Vaticano*, in "Rivista di Diritto Pubblico" XI (1929) 4。

96 参：C. Rousseau, *État de la Cité du Vatican*, in "*Revue générale de droit international public*", 1930, 145-153。

因此，有些人在不了解圣座的国际主体性和否认这个新实体的国家身份的前提下，认为这部条约的性质并不是真正意义上的条约，而只是一项政教协定，因为缔约之一方并不具备国家的身份和地位，事实上这新的实体只不过是法律上构成意大利王国的一部分。那么，在这种背景下，梵蒂冈城也只不过是"隶属于圣座主权和私有权之属地财产的综合"。[97]

还有人倾向于对缔约双方的意向进行限制性解释，就好像双方只是愿意确立和划分非国家性的领土，并将其置于同一国家的特别法律制度之下，就如同美国的哥伦比亚特区和其它联邦国，或者隶属意大利主权之下的一种独特的治外法权区。[98]

不管怎样，正如鲁斐尼所指出的，所有这种解读既不能反驳缔约双方所表达的一致意愿，也不能解释《拉特朗条约》第 26 条所表达的内容，其中"并不包括法律性的裁决，而只是意大利国极为重要的法律性意愿的声明；这一声明既为对方所接纳，同时对方也表达了相关的声明，从而产生条约约束关系"。[99] 事实上，从限制性意义上对这种声明的解释是站不住脚的。

莫莱利(Morelli)则提出了较为极端的立论，他认为教会与梵蒂冈城国作为两个分别属于精神性与现世性的实体，本质上的相

---

97 A. Cecchini, *La natura giuridica della Città del Vaticano e del Trattato Lateranense*, in "Rivista di diritto internazionale" 1930, 201。M. Petroncelli, *La Santa Sede e lo Stato della Città del Vaticano*, cit., 180 ss。

98 "甚至认为梵蒂冈城国相对意大利而言所具有的地位与联合国所在地相对美国所具有的地位之间存在着类比性。但是，从另一个角度来说，一个不可否认的本质区别就是：意大利在梵蒂冈城国的领土上并没有主权"（P. Ciprotti, *La posizione internazionale della Santa Sede alla luce di recenti documenti inediti*, in "La comunità internazionale", 29［1974］413）。

99 F. Ruffini, *Lo Stato della Città del Vaticano...*, cit., 310。另参 M. Petroncelli, *La Santa Sede e lo Stato della Città del Vaticano*, cit., 179 ss。

互对立的，之所以结合在一起是因为二者都是以罗马教宗作为最高元首。对莫莱利来说，教会从本质上来说，并不具备行使世俗权力的能力，因此所签署的这类条约也只不过是促使意大利将自己的一块领土割离出去，对此中断自己的主权，而使对方建立一个新的国家，并与其再签订一项“协约”来规范双方的关系。[100] 但是，正如鲁斐尼所言，这种立场既未留意《拉特朗条约》第26条的内容，还未考虑到历史事实和派驻于圣座的国际外交使团的连续性，而派驻外交代表并不需要国家主体性。

然而，大部分学者都承认罗马教宗享有唯一的主权，虽然个别学者过分地强调教宗主权的精神性和超国家性特征，同时也强调教会即为一个社团的事实，它所在的层面“高于”其他国家，只有在必要情况下，才会采用实际或现世的措施。[101]

还有些学者将立足点放在了意大利与之签订《拉特朗条约》的具体对象到底是谁：圣座、罗马教宗、天主教会，抑或是梵蒂冈城国？杰莫洛(Jemolo)指出，“将古老教宗国的延续性搁置一侧的这种观念即在于一个事实：意大利王国并没有以国际法之外的因素，通过自己单边的行动或与一个仅享有国内法法人资格的实体所达成的公约，来建立了一个新的国家；相反，它与一个享有国际法权利和事实法人资格的主体签订了条约。因此对其他国家来说，并无必要承认一个他们并不知道的新实体，而只需注意到与之已有国际法正常关系的实体所具有的新的特质或形

100 正如卡迪亚所指，从条约内容上来看，没有任何迹象表明承认圣座先前对梵蒂冈领土享有主权，这就促使意大利为了国家的目的——即教宗主权的豁免权——而在文件上承认圣座的这种主权，参：C. Cardia, *Vaticano e Santa Sede dal Trattato lateranense a Giovanni Paolo II*, cit., 35-36。另参：G. Morelli, *Il trattato fra l'Italia e la Santa Sede*, cit., 225。

101 参：L. Le Fur, *La souveraineté de Saint-Siège et le droit public contemporain*. “Chiesa e Stato. Studi storici e giuridici per il decennale della conciliazione tra la Santa Sede e l'Italia”. Milano 1939” 13-41。F. Ruffini, *Lo Stato della Città del Vaticano…*, cit., 317。

式"。[102]换言之，"藉着1929年2月11日的条约所重新出现的国家，但它的出现是不可分割地建立在先前所存在的实体基础上的，在国际法上已有活动范围的实体"。相对其他先存于统一后之意大利，但却未能幸存的政治实体而言，有着基本的差异，也就是说，"在共和制中被抛弃的其它朝代在国际法上并未保留法人地位，但丧失了教宗国的圣座却保留着法人地位，因此，即使所改变的国家是两个，但国际法的主体却是唯一的"。[103]

对杰莫洛而言，梵蒂冈城国的独特性即来自于此，也就是"一个国家作为另一个在其之前便已享有国际法人地位，且在其消失之后仍可存在的实体所具有的主权对象：这实体不易受其内在结构的基本要素变化的影响，正如所有国家一样，其本身并不是目的，而其目的则是天主公教核心机构的自由活动"。[104]

由一个主体的领衔到另一个，由国家到圣座，使鲁依斯(Arangio-Ruiz)认为梵蒂冈城国代表着一定的恩惠，是意大利施与圣座的恩惠，从而产生缔约双方的相互义务。从类似意义上，多纳蒂(Donati)则认为这是一个承袭性国家(*Stato patrimoniale*)，具有与其他国家完全不同的特征，而其身份"则由国家的每项要素得到确认：关于国家的人格，在二者身上，都等同于先前已存在的人格，所肩负的利益不同于国民的集体利益，并以自身的名义和利益承受主权；至于主权的内容，其中领土占据首要内容的地位，而次要的内容则是国民，但是个体意义上，而不是集体意义上的国民；至于主权，首要肯定的则是领土主权，然后才是属人主权"。[105]

---

102 A. C. Jemolo, *Carattere dello Stato della Città del Vaticano*, in "Rivista di diritto internazionale", 21 (1929) 195。

103 A. C. Jemolo, *Carattere dello Stato della Città del Vaticano*, 198。

104 同上，202。

105 D. Donati, *La Città del Vaticano nella teoria generale dello Stato*, in "Studi in onore di O. Ranelletti"，Padova 1931, 375。

杰莫洛以类似的论证，最后总结说，梵蒂冈城国“从体制上来说，必然是一个国家，它的出现是为了满足圣座的需求和确保天主教会的牧灵管理在世上所需要的独立与自由，而教会既没有能力，也不可能以远离这种目的的方式发展和完成不同的目的，几时因不可预期的事件，而不可能实现，不能再有效地服务于其本身之目的时，它便中止存在”。[106]

## 1.3 由理论性争论而出现的不同愿景

不管怎样，《拉特朗条约》所勾勒出的解决方案采纳了先前法律经验中的不同元素。《保障法》本身所具有的成熟因素然后也出现在了拉特朗条约中，诸如教宗人格的不可侵犯性与神圣性、使节权及相应的豁免权、梵蒂冈职员的豁免权、或枢机们——尤其是在枢秘会议期间——的自由通行权。

条约中所有这些特权拟定的背景却完全不同于 1871 年制定《保障法》的背景，正如鲁斐尼所言：“1)《保障法》(第 3 条)只赋予罗马教宗主权荣誉。而《拉特朗条约》(前言和第 3 条)则承认教宗对梵蒂冈城的专有而绝对的主权与治权。2)《保障法》(第 5 条)赋予罗马教宗对梵蒂冈宗座大楼及其附属建筑和职员的享用权。《拉特朗条约》(前言和第 3 条)则承认其圆满的所有权”。[107]

在重建已经探讨过的不同立场和注意到在过去那些年中的历史变迁和法律以及战争经验所证实的内容之同时，《拉特朗条约》中的第 2 条、第 3-1°条和第 26-2°条的内容似乎可以提供一些具体的结论。

---

106 A. C. Jemolo, *Carattere dello Stato della Città del Vaticano*, 202。
107 F. Ruffini, *Lo Stato della Città del Vaticano*..., cit., 300。另参 P. Gallo, *Rapporti tra diritto canonico, diritto vaticano e Curia romana. Le recenti riforme adottate dalla Santa Sede in materia penale ed economico-finanziaria*, Roma 2020, 28 ss。

1929 年缔约双方是从两个先存的国际主体出发的，也就是圣座与意大利(当时是意大利王国)，当时也为国际团体所承认。因此，不能将圣座的主体性与被意大利王国在 1870 年强占的教宗国相混淆，也不应与被意大利削减且从未被占领的梵蒂冈山丘那块领土相混淆。相反，圣座的主体性所涉及的是一个曾为教宗国的领衔者，且经历世代更迭，在其灭亡后仍得以幸存的实体，此外，这实体即使在丧失了其赖以行使世俗主权的领土后，依然以不变的方式得到国际团体的承认。总之，拉特朗条约涉及的是“一个先存且没有国家性质之实体的主体性”，[108] 且在 1870 后的成文法中作为“一个真正的国家法主体”得以保留。[109]

藉着《拉特朗条约》而达成了对国际主体性的相互承认：意大利是条约的第 2 条，圣座则是条约的第 26-1°，其中声明：“承认萨沃亚王朝(dinastia di Casa Savoia)统治下的意大利王国，其首都为罗马”。双方还决定“缔约双方承诺通过意大利向圣座派驻大使及圣座向意大利派驻宗座大使来建立正常外交关系，根据 1815 年 6 月 9 日维也纳会议认可的习惯法，驻意大利的宗座大使将担任外交使节团团长”(第 12-4°条)。

其次，作为上述的结果，1929 年 2 月所完成的法律性谈判属于国际条约的法律范畴，且是在国际法法律体系内完成的，在《拉

---

108 M. Petroncelli, *La Santa Sede e lo Stato della Città del Vaticano*, cit, 185。另参 P. A. D'Avack, *Sul riconoscimento dello Stato Vaticano da parte dell'Italia e degli Stati esteri*, in “Il diritto ecclesiastico” 1929, 382。关于主体双重性的分析，请参 P. Gallo, *Rapporti tra diritto canonico, diritto vaticano e Curia romana. Le recenti riformeadottate dalla Santa Sede in materia penale ed economico-finanziaria*, Roma 2020, 28 ss。

109 P. A. D'Avack, *Sul riconoscimento dello Stato Vaticano da parte dell'Italia e degli Stati esteri*, 382。作者由此得出结论：1870 年意大利对教宗国的占领应被视为军事占领，而直到领衔的国际主体——即圣座——通过《拉特朗条约》正式承认为至，才彻底地占领了其领土。

特朗条约》的内容中便可看到这一点。所以，并不是由意大利国与其国内的某个宗教所签署的公约或协约(Convenzione)，正如事实所呈现的，在《拉特朗条约》中还包括一部政教协定性质的文件。正如由历史经验所呈现的，缔约双方都清楚地意识到当时将要签署的无论是条约(Trattato)，抑或是政教协定(Concordato)，法律背景是完全不同的；此外，条约所涉及的主题明显是偶然性的；而政教协定所涉及的内容则完全是牧灵性的，二者截然不同。

最后，意大利承认对方这个国际主体——圣座——作为独立的国家，针对其领土享有圆满的主权和不同的附带主权。事实上，《拉特朗条约》的目的就是建立一个新而独特的国家，其基本利益就是在条约“前言”中所声明的“确保圣座绝对而可见的独立，必须在国际上保证其毫无争议的主权”。

所有这一切——这里也彰显出了法律性的天资——都使梵蒂冈城国拥有独特的技术特征，从而能够达至其完全不同于其他国家，尤其是现代遵从主权民主制度的国家所具有的目的。因此，法理上认为梵蒂冈城国是一个承袭性国家，其“国民作为领土上的居民而成为主权的管辖对象……：属人主权所呈现得有如属地主权的次要彰显或延伸”。[110]

《拉特朗条约》第 26 条呈现了圣座的隆重声明，认为“依照今天签署之协议，罗马教区及天主公教在意大利及在全世界行使牧灵管理所需的自由和独立得到了充分保障；明确且决定性地宣布[罗马问题]已被解决，并承认萨沃亚王朝统治下的意大利王国，其首都为罗马”。[111]

---

110 D. Donati, *La Città del Vaticano nella teoria generale dello Stato*, 377。

111 然而，不应忘记，在当年圣诞节之际，教宗庇约十一世向教廷成员讲话时，曾抱怨就天主教进行会的问题与意大利当局所出现的冲突苗头，因为法西斯军政府认为天主教进行会是具有政治色彩的运动：参庇约十一世，1929 年圣诞节讲话，《宗座公报》21 (1929) 766-768。

## 1.4 罗马教宗的法律地位与梵蒂冈城国的政府形式

《拉特朗条约》对罗马教宗的人格给予了特别的关注，他的自由与圆满的自治构成了此条约的主要对象与目的，所涉及的称谓有时候是“教宗”，有时候则是以“宗座”或“圣座”称之。[112]

条约的第26-2°条特别论到了这一点，其中这样规定：“意大利也承认在教宗主权之下的梵蒂冈城国”。事实上，从条约来看，圣座的领衔者罗马教宗才是唯一的主体，所提到的在梵蒂冈城国领域内的政治权利完全而惟独地属于教宗。

因此，这是一种绝对而必需的，通过条约担保而担负的显要职位，除了在圣座出缺期间，任何其他主体均不能取而代之。事实上条约的第 21 条也含蓄地采纳了天主教法典上针对枢机团团长对圣座的过渡性管理和在枢秘会议中所完成的对新元首的选举相关的规定。针对这一点，根据第 21 条的规定，意大利将承担三项具体义务：1) 确保枢机们参加枢秘会议时在意大利境内的自由出入；2) 保证枢秘会议的自由举行；3) 确保在梵蒂冈城周围的意大利领土上不发生任何可能扰乱枢秘会议的行为。

针对意大利法律，条约的第 8 条则规定了教宗的法律地位，并将其等同于国家元首：“鉴于教宗人身的神圣不可侵犯性，意大利声明凡攻击和挑衅教宗者应受的惩罚与攻击和挑衅国王所受惩罚相同。在意大利凡以言论、行为和文字公开冒犯和侮辱教宗者，应受之惩罚与公开冒犯和侮辱国王所受之惩罚相同”，针

---

112 关于此主题，请参：A. Vitalone, *Il Pontefice sovrano dello Stato della Città del Vaticano*, in “Diritto e Religione”, 2007, 307-336。关于梵蒂冈城国作为确保罗马教宗地位的工具作用，请参：G. Dlla Torre, *Stato della Città del Vaticano e munus Petrinum*, in “Annales di diritto vaticano” 2016, 56-80。围绕着条约所延伸的法理，请参：G. Balladore Pallieri, *La sovranità temporale della Santa Sede e i trattati del Laterano*, in “Chiesa e Stato. Studi storici e giuridici per il decennale della Conciliazione tra la Santa sede e l’Italia”, Milano 1939, 5-49。

对其解释也应参照当今现行的法律。[113]

此外，关于教宗，意大利也有义务将其领土置于国际法豁免权之下，即在举行有教宗参与的礼仪活动时(第 15-2°条)，以及举行大公会议或枢秘会议的地方，或举行其它由罗马教宗或其代表主持的会议的地方，均享有豁免权(第 21-4°条)。

国家的其它基本要素都是为实现条约所规定的独立和无可争议的主权之目标发挥着职能性的作用。就此而言，梵蒂冈城国基本法承认罗马教宗享有圆满的权力，且法律上并不屈从于国家的其它任何主体。[114]

所有这些因素确立了梵蒂冈城国政府的组织形式。每个以国家的形式所组织的政治社会都对应着由宪法和政治科学所确定的具体类型。面对这些概念，没有人不承认一个以国家的形式所组成，且其唯一目的就是确保伯多禄继承人的独立及其所肩负的普世使命的组织所具有的这种非典型特征。事实上，梵蒂冈城国并不是一个普通意义上的政治社会，而是一种法律性的措施或工具，其所有构成因素都是为教宗的首席职服务的。他是这个国家的唯一政治主体，其他与教宗相关的任何主体，包括那些拥有梵蒂冈城国国籍的人，都发挥着为教宗使命服务的职能，而其地位或身份也不具政治性。

至于国家形式，从 1929 年所颁布的《基本法》来看，并根据公约的概念，卡梅奥(Federico Cammeo)毫不犹豫地肯定，梵蒂冈城国的政府形式拥有以下特征[115]：1) 是一个集体君主制，即

113 有关此事务，意大利刑法则规定：“凡是侵害共和国总统之人身生命、安全或自由者，应处以终身监禁”(第 276 条)；“在上述条款所规定之情况外，凡是侵犯共和国总统之自由者，应处以 5-10 年监禁”(第 278 条)；“凡是有辱共和国总统之荣誉或声望者，应处以 1-5 年监禁”(第 278 条)。

114 参：若望保禄二世，《梵蒂冈城国基本法》，2000 年 11 月 26 日。这部法律取代了 1929 年 6 月 7 日所颁布的《基本法》。

115 参：F. Cammeo, *Ordinamento giuridico dello Stato della Città del*

最高机关就是一个人：由枢机在枢秘会议中选举出来的唯一职务的领衔者；2) 此外，也是一个绝对了君主制，因为教宗将立法、行政与司法这三项管理职能集聚其一人之身[116]；3) 根据卡梅奥所介绍的公约概念，这是一个宗教性的国家(Stato confessionale)，因为国家元首与一个宗教的最高机关是真实合一的，对这个人的保护，便是这个国家存在的根由；4) 最后，卡梅奥还补充上了承袭性国家的特征，以此来解释教宗权力的重要地位，但他也认为过于物质性的设立并不是必要的。事实上，貌似仅强调这是一个职能性的国家便已足够，其中政治层面唯一重要的主体就是圣座、宗座的领衔者。

对国家形式的定义，即使《拉特朗条约》第 1 条已经明确了它享有圆满的权力，但就梵二所教导的主教职之圣事性所要求的管理形式而言，现在却变得更为复杂，无论是针对引导教会而言，还是针对梵蒂冈城国的管理而言，都是如此，说到底，梵蒂冈城国只是元首职务的工具而已。

正如托雷(Giuseppe Dalla Torre)所强调的，“如果探究专制主义——以所熟知的形式表达就是“君主不受法律约束”(*princeps*

---

*Vaticano*, Firenze 1932, 73 ss. Vedi anche P.A. D'Avack, *La qualifica giuridica della Santa Sede nella stipulazione del Trattato Lateranense*, in "Rivista di diritto internazionale", 27, 1935, n. 14 e anche in "Vaticano e Santa Sede", C. Cardia (a cura di), cit., 75-146, nonché P.A. D' Avack, *Lo Stato della Città del Vaticano come figura giuridica di Stato ierocratico*, in "Annali dell'Università di Ferrara" 1, 1936, anche in "Vaticano e Santa Sede", cit., 147-187。

116 卡梅奥认为这是“一种集体性且绝对的君主制，因为天主公教，或教会的核心实体，即圣座，法律上来说，要考虑国家内和国际公法的直接效果，那么，它便拥有君主制、集体性和绝对性的制度”(F. Cammeo, *L'ordinamento giuridico...*, cit. 74)。最后这一点与三十年代的教会学观念不谋而合，在梵二《教会宪章》有关主教职的集体性的教导之后，还需要后续的明确。然而，事实上，上述所提到的三重职能，通常都是以固定的形式通过管理组织来履行的，最初是以“代权”的形式，而如今则是以教会法典 131§2 所规定的“副职”形式来履行的。

*legibus solutus*)——现象的意识形态根源的话，问题将呈现出不同的轮廓：在元首之上没有任何其他权力或法律，其权力的行使也不受外在法律限制。说到底，这种主权观念本身，从历史上来说，根植于圆满而独立的权力，在其之上再无权力(*superiorem non recognoscens*)的这种高级地位。这也是从历史、哲学、政治和法律等层面进行广泛研究的对象和主题”。[117]

关于这个问题，后面我们还会再行阐述，然而现在显而易见的是，“国家”这个概念普通意义上的“绝对”权力这一条件并不与教宗的最高权力相对应：他并不是不受法律限制的(*legibus solutus*)，因为该权力的各种表达均受神律约束，凡是相反神律的任何措施，均不具法律效力。

## 1.5 梵蒂冈城国的治权

莫莱利指出，“梵蒂冈城在建立成一个国家性的组织的同时，也呈现出了国家本有的特征，不仅仅是在其物质要素方面(领土和国民)，而且也表现在政府组织所享有的自治权和对目的的自决上”。[118]

事实上，正如《拉特朗条约》以及缔约双方所承担的义务所呈现出的，梵蒂冈城国不单是一个在国际上享有自主与独立的组织，而且自身便有能力达至本有的独特目的。此外，条约也特别注意证实梵蒂冈城国，作为主权国家，所享有的治权，而意大利也承认其治权行为的法律效果。

事实上，条约的第 4 条特别表达了这一点，其中这样说：“意大利承认圣座对梵蒂冈城拥有主权和绝对管辖权，这意味着意大

---

117 G. Dalla Torre, *Appunti sulla forma dello Stato della Città del Vaticano*, in “Studi in onore di Carlo Gullo” I (2017) 145-160; 148-149; vedi anche W. Hilgeman, *La nuova Legge sulle Fonti del Diritto dello Stato della Città del Vaticano. Prime note ed osservazioni*, in “Apollinaris”, 83 (2010) 43-84, 48 nt. 22。

118 G. Morelli, *Il trattato fra l'Italia e la Santa Sede*, cit. 217。

利政府不得对其进行任何干预，在其内除圣座外，不存在其他当局”。这一点然后又在第23-1°条中得到了进一步的解释，根据国际法的规定，由梵蒂冈城国法院所做出的判决在意大利拥有同样的法律效果。

然而，虽然所涉及的是一项对等的规定，但条约第23条并未明确提到意大利的法律措施在梵蒂冈也拥有同样的效果。条约的同一条规定也笼统地提到教会当局所制定的一切判决和措施在意大利均有法律效力，而这一论题却属于政教协定的本有范畴。事实上，在1984年修订与意大利的政教协定时，双方一致认为有必要对条约的这项规定作一新的解释，特别是有关既成婚姻之豁免效力的问题。[119]

《拉特朗条约》从不同的愿景下，特别关注刑事诉讼和警察制度，在评价时应考虑当时意大利的政治背景。从承认梵蒂冈在刑事领域于意大利领土范围内的圆满主权出发，缔约双方在这种背景下承担不同的责任时应遵守：

- 意大利当局警察，在伯多禄广场对外开放时，通常可在广场内行使其权力，但此处仍是梵蒂冈领土，且警察的干预不得逾越伯多禄大殿台阶的界限(第3条)；

- 圣座有责任将曾在意大利犯罪且双方都认为其为罪犯，而逃至梵蒂冈境内的犯人移交给意大利(第22-2°条)。这是一项不

119 特别是关于豁免并非教会法意义上之既成婚姻在意大利的民事效力，事实上，1984年2月18日所达成之协议的附则二-c中声明：“圣座借修改《拉特朗条约》之机宣布：在不损害教会法典的情况下，同意意大利国家对《拉特朗条约》第23条第2款所作的解释，根据这种解释，此款所规定的由教会当局所公布的判决和处置的民事效力，应同宪法上向意大利公民保证的权利相一致”。除了教会法院婚姻无效的判决之外(藉着教会婚姻无效诉讼程序的改革，现在已不重要了)，在上述之协议有关权限的第8-2°条所要求的条件中，要求必须是相反的和意大利诉讼法针对外来判决之效力所做的所有其他规定。

同于引渡措施的责任，并使梵蒂冈有义务避免在此情况下行使自己的治权；

- 同样有责任将逃至大楼内和第 15 条所言之治外法权场所内的犯人移交给意大利，除非认为应邀请意大利办案人员进入将其拘捕。但是在此情形中，无需双方均认为其为犯人；

- 最后，第 22-1°条所包含之“异常”情况，条约所规定的向意大利授权则是每个主权国家较为关注的特权之一，即授权惩处在梵蒂冈城作案的罪犯，这种授权可以是永久的，也可以是个别的，这就突出了梵蒂冈城国毫无惩处意图，这也符合其保障属灵利益的目的。

意大利对梵蒂冈城国的独立与主权的承认也处于圣座所持守之国际中立的具体架构中，这是圣座在谈判期间为了克服意大利政府的反对意见所做的承诺。在条约中，圣座承诺持守这种中立性，不仅是对意大利，而且面对第三方国家，也依然如此，其中这样规定：“圣座因其在国际舞台上所享有之主权，声明愿意，并继续置身于其他国家间的现世竞争及为此目的所召开的国际大会之外，除非争端各方一致呼吁圣座履行和平使命，然无论如何，惟需维护其道德和精神力量的权力。故此，在任何情况下梵蒂冈城始终是中立和不可侵犯的领土”（第 24 条）。[120]

卡梅奥敏锐地发现，在条约第 24 条所包含的双重义务之间，

[120] 参：G. Barberini, Rifl*essioni sull'origine e sul significato dell'art. 24 del trattato lateranense*, in “Stato, Chiesa e pluralismo confessionale”, dicembre 2010, 25。有关圣座的中立，请参：P. Ciprotti, *La posizione internazionale della Santa Sede alla luce di recenti documenti inediti*, in “La comunità internazionale”, 29 (1974) 424-427; C. Iannaccone, *I rapporti giuridici fra lo Stato della Città del Vaticano e lo Stato italiano secondo il Trattato del Laterano...*, cit., 18ss. Per l'attualità di questa posizione, vedi E. Greppi, *Qualche riflessione sulla soggettività internazionale della Santa Sede e dello Stato della Città del Vaticano*, in “Quaderni di diritto e politica ecclesiastica” 2 (2007) 325-355。

因国家与圣座这两个不同主体之间的真实结合，所具有的差别。[121] 因着这种结合和差异，在所引用的条款中，圣座声明："置身于其他国家间的现世竞争......之外"，同时，在后面又强调："故此，在任何情况下梵蒂冈城始终是中立和不可侵犯的领土"。当圣座强调置身于现世事务"之外"的同时，亦强调梵蒂冈城国，作为必然的现世事实，所具有的"中立"性。

## 1.6 主动与被动使节权

正如在上一章提到的，圣座是历史上最早开启向他国政府派驻固定使节的主体之一，诸如早在十五世纪就向西班牙、威尼斯、法国和其它国家派驻了使节或代表。

事实上，随着教宗国的灭亡，圣座的驻外使节也未曾遭遇特别的变化，《保障法》也考虑到这种实际情况，根据国际法的规定，确保了各国代表和宗座代表在意大利境内的自由出入和使馆豁免权(参保障法，第 11 条)。在《保障法》实施期间，向圣座派驻代表的国家数目不但未曾减少，反而还有所增加。[122]

121 参：F. Cammeo, *L'ordinamento giuridico...*, cit., 67。

122 "在圣座被剥夺了领土主权的那些年，圣座依然行使其主权所具有的特权：主动使节权，并继续向他国派驻自己的代表(在 1870 年后的那段时期，在中美洲不同国家开启了自己的领事馆：阿根廷、玻利维亚、智利、厄瓜多尔、巴拉圭、秘鲁和乌拉圭；在第一次世界大战之后和 1929 年之前，在本笃十五世任期内，又在波兰、捷克斯洛伐克、德国、南斯拉夫、罗马尼亚、匈牙利和阿尔巴尼亚设立了代办处，在庇约十一世任期内，则在普鲁士、爱沙尼亚、立陶宛和爱尔兰设立了代办处)；至于被动使节权，圣座也接受了他国的大使(1870 年后在罗马设立了双重外交使团，分别派驻于意大利王国和圣座；1870 年至 1929 年之间，向圣座派驻外交代表的国家数目从 16 个增加至 29 个)；而条约权，即签订国际协约、公约和条约的能力，签订的条约有，比如，1881 年与厄瓜多尔，1887 年与哥伦比亚，此外，教宗良十三世与沙皇俄国签订了协约。在良十三世和庇约十世任期内，也与欧洲一些国家及其殖民地签订了一些协约"(A. Filipazzi, *Tre modalità di sovranità territoriale della S. Sede*, in "Ius Ecclesiae" 25［2013］123-130)。

就此而言，《拉特朗条约》第12条则代表着对先前局面的一种完全转变。承认圣座国际主体性的必然结果就是“意大利承认圣座根据国际法一般规则享有的主动与被动使节权”，并且“缔约双方承诺通过意大利向圣座派驻大使及圣座向意大利派驻宗座大使来建立正常外交关系，根据1815年6月9日维也纳会议认可的习惯法，驻意大利的宗座大使将担任外交使节团团长”。[123]

因此，在整部条约运作的逻辑中，意大利便承认圣座的国际关系从未中断过。此外，鉴于梵蒂冈领土的飞地性质，意大利也承担圣座的一些具体责任[124]：

1) 允许派驻于圣座的各国使馆设立在意大利领土内，即使没有与意大利建立外交关系的国家也不例外，并尊重其根据国际法所享有的特权(参第12-2°条)。

2) 承认外交人员和以教宗名义被派遣之信使，即使在战争时期，于意大利领土上享有与外交人员和信使同等的待遇(参第12-5°条)。

3) 允许持有常规外交护照的圣座外交人员或派驻于圣座的外交人员自由穿行于意大利领土。同样也允许持有普通护照之教会要员通行梵蒂冈(参第19条)。

卡梅奥指出，随着世俗权力的丧失，“国际社会承认圣座，而不是天主教会，拥有国际主体性的趋向日益增强。不只是教会训导，就连各国政府也拒绝承认天主教会的国际法人资格，因为教会不仅包括教宗和教会中央机构，而且还保护神职人员和每个国家的信友，国家也担心如果承认教会的法人资格，那么相关的神职人员和信友将隶属于双重主管当局，所拥有的义务便有可能冲突。从逻辑上来看，这种担忧是绝对没有依据的，因为无论是

---

123 意大利驻圣座的大使馆是在1929年6月17日设立的。参：C. Iannaccone, *I rapporti giuridici fra lo Stato* ..., cit., 9ss。

124 参：G. Morelli, Il *trattato fra l'Italia e la Santa Sede*, cit., 230 ss。

否拥有法人资格，教会是一个国际实体，而信友对教会的义务和关系，根据教会的教导，都会与国民的义务相互交织，且不会对其有任何改变。而且教会还教导不会出现任何冲突，如果有冲突，也是因为国家侵犯了精神领域”。[125]

根据梵蒂冈《基本法》第6-1°条，[126]圣座所拥有的使节权，具体来说，是由国务院第二部门负责行使的，此部门负责与其他国家及政府的关系。正如教会法所规定的，“罗马教宗使节之职务是以固定方式，驻在被派往之地区教会及国家和政权，代表教宗”(法典363§1)，通常来说，肩负着外交和教务双重职能。

## 1.7　国际主体性的基础

需要恰当地确定圣座国际主体性的基础是什么。诚如奇普罗蒂(Ciprotti)所指，“在这个领域造成混淆主要原因之一就是国际法理论在圣座的国际法人地位与天主教会的国际法人地位之间的摇摆不定：如果说圣座具有国际法人地位，那么圣座也将是国际法的主体，便可以天主教会或梵蒂冈城国之名，或以二者之名，以及代表它们行事；如果具有国际法人地位的是天主教会，那么圣座将被定义为一个国际法主体的最高机关，或更好说，是两个国际主体的最高机关(因为梵蒂冈城国也是以圣座为其最高机关)”。[127]

---

125 F. Cammeo, *L'ordinamento giuridico...*, cit., 18。

126 “在与他国和国际法其他主体之间的关系中、在外交关系和签署协约时，梵蒂冈城国的代表职务则保留于教宗，而教宗通过国务院来履行该职务”(《梵蒂冈城国基本法》第6-1°条，2023年5月13日，in “*Communicationes*” 55, 2023, 70-77)。

127 P. Ciprotti, *La posizione internazionale della Santa Sede alla luce di recenti documenti inediti*, cit., 416；另参 G. Diena, *La Santa Sede e il diritto internazionale dopo gli accordi lateranensi dell'11 febbraio 1929*, in “Annali di scienze politiche” 2 (1929) 111-122; M. Petroncelli, *La Santa Sede e lo Stato della Città del Vaticano*, cit., 185 ss.; C. Ryngaert, *The Legal Status of the Holy See*, in “Goettingen Journal of International Law”, 3 (2001) 829-859; J.B. D'Onorio, *Il profilo della*

这个问题在学术争论中持续了很长时间，事实上，确定圣座是作为天主教会的机关行事，还是作为梵蒂冈城国的机关而行事，则需要考虑行事的背景和在相关文件中所使用的术语，对此不能一概而论。

随后几年的实践以更为精确的方式确立了这些立场。1971年在签署国际原子能机构(Agenzia Internazionale di Energia Atomica)为了防止核武器扩散而制定的条约时，圣座便参与了条约前言、条款和附则的拟定工作。这便突出了圣座作为教会和梵蒂冈城的最高机构与梵蒂冈城国的区别。在上述条约中，“在论到责任主体，意即承担由条约而来的义务和获得由此而来的权利之主体时，便采用了『圣座』(Santa Sede)这个术语；但在论到这些权利和义务具体落实的领土，换言之，承担这些责任和监督在其中得以落实情况的领土时，则采用了『梵蒂冈城国』这种表述”。[128]

## 1.8 国防

梵蒂冈城国也有自己的武装部队——瑞士警卫队，在1979年

---

*Città del Vaticano. Lo Stato tra l'Italia, l'Europa e l comunità internazionale*, in "Lo Stato della Città del Vaticano. Atti del Convegno sugli 80 anni", Roma 2010, 229-244; P. Cavana, *I rapporti tra lo Stato della Città del Vaticano, l'Italia e l'Unione Europea tra continuità e innovazione*, in "Ephemerides iuris canonici" 55 (2015) 291 ss.; L. Caveada, *Questione aperte sulla presenza della Santa Sede nel diritto internazionale*, Milano 2018。

[128] P. Ciprotti, *La posizione internazionale della Santa Sede alla luce di recenti documenti inediti*, cit., 420-421；另参 V. Buonomo, *Considerazioni sul rapporto tra diritto canonico e diritto internazionale*, in "Anuario de derecho canónico" 4 (2015) 29；A. Blasi, *L'attività internazionale della Santa Sede attraverso concordati e accordi con ordinamenti non di tradizione cristiana: i Paesi africani*, in "Archivio giuridico" 150 (2018) 123-155; vedi anche G. Barberini, *Le Saint-Siège. Sujet souverain de droit international*, Paris 2003; P. R. Gallagher, *I rapporti internazionali e l'attività convenzionale della Santa Sede*, in "Annali di diritto vaticano" 2018, 5-19。

解散了侍卫队(Guardia d'Onore)和宫廷警卫队(Guardia Palatina d'Onore)之后，[129] 便只剩下了瑞士警卫队和梵蒂冈宪兵队(Gendarmeria Vaticana)。这是一支真正的军队，并有自己的规章制度(2006 年得以更新)，[130] 它是由瑞士籍男性青年所组成，其任务是警备和确保教宗个人及其居所的安全。

尽管在之前的几个世纪中，教宗们已经开始借用瑞士卫兵保障自己的安全，但警卫队却是由儒略二世(Giulio II)教宗建立的，第一支队伍是在 1506 年 1 月 22 日由 150 人所组成，并在罗马开始服役。这支队伍在历史中曾被多次解散，并重新建立，其成员人数极少会超过 200 人：如今的警卫队是由 135 人组成。[131]

正如其本有规章所规定的，警卫队的职责还包括：1) 在教宗旅行时陪伴左右；2) 守卫梵蒂冈城国的进出口；3) 在宗座出缺期间保护枢机团；最后，4) 根据规章制度，维持秩序和从事其它警卫工作。

警卫队直接隶属于罗马教宗，而教宗通常是通过国务院来行使此权力的。此外，在《基本法》所规定的情况下，梵蒂冈城国

---

129 参：保禄六世，1970 年 9 月 14 日致国务卿枢机函，《宗座公报》62(1970)587-588。与此同时也解散了宗座宪兵队(Corpo della Gendarmeria Pontificia)，其职能暂时转移到中央警备处(Ufficio Centrale di Vigilanza：参 1979 年 12 月 15 日第 67 号法案，《宗座公报》附录 42[1979]53-55)。后来又转移到所成立的“梵蒂冈城国宪兵队”(参第 374 号法案，2003 年月 2 日，《宗座公报》附录 72[2002]145-146)。

130 参：《宗座瑞士警卫队规章》(*Regolamento della Guardia Svizzera Pontificia*)，2006 年 1 月 16 日，经济秘书处(Segreteria per l'Economia)，《圣座劳作纪律基本条例》(*Norme fondamentali sulla disciplina del lavoro nella Santa Sede*)，梵蒂冈 2019,549-580。另参：Ch.-R. M. Richard, *La guardia svizzera pontificia nel corso dei secoli*, Milano 2005。

131 虽然《宗座瑞士警卫队规章》第 7 条提到一支队伍是由 120 人组成，但藉着 2018 年 4 月 19 日国务院的第 402.323 号令，人数又增加了 25 人。参：经济秘书处，《圣座劳作纪律基本条例》，591。

委员会主席也可要求警卫队的服务(参基本法，20)。在宗座出缺期间，瑞士警卫队则由枢机团领导，并接受根据宗座宪章《主的普世羊群》（*Universi Dominici gregis*）所规定的由三位枢机辅佐的总务枢机所发出的指令。

警卫队也有自己的军级，以由教宗每五年一任命的指挥官为首，下有一名副指挥官、一名少校和两名上尉，此外还有一名辅导司铎。另有不同级别的士官。警卫队只接收瑞士籍天主教未婚男青年，年龄不超过 30 周岁，且在本国服过兵役，并通过资格考试。在加入警卫队时，候选人应以书面形式承诺至少在队伍中服役二十六个月，但指挥官有权辞退“在第一年后未能通过加入警卫队所要求之相应考核者”(规章第 14 条)。

“为了添补实际所缺乏之人数，当服务要求时，可由欲征用之瑞士籍国民辅助人员添补，首选学生和已退役之警卫”(规章第 17 条)。在这种情况下，征用应以定期合同的方式为之，为期至少为两个月，但最多不超过一年(参规章第 123 条)。

警卫队成员有自己的工作制度、纪律和救济措施：事实上，根据 FAS 公约，在服役期间由圣座负责一切(参规章第 61 条)，并根据相应的特别条例所规定的待遇，注册退休金。[132]

## 2. 梵蒂冈城国的领土

自一开始，拉特朗条约谈判关键点之一就是圣座要求有一片领土，藉以行使自己的圆满主权，也能使圣座圆满的自主权在国际上明显可见。藉着随后的谈判和圣座最终对佩恩斐利别墅的放弃，然后意大利以让出比 1870 年未曾正式占领的土地——这片土地是《保障法》第 5 条已经归为教宗所拥有的——更多的领土，

---

132 参：《宗座瑞士警卫队成员退休待遇特别条例》（*Regolamento particolare per il trattamento di quiescenza degli appartenenti alla Guardia Svizzera Pontificia*），1995 年 10 月 2 日，经济秘书处，《圣座劳作纪律基本条例》，581-590。

才铲除了双方之间的困难。

因此，《拉特朗条约》的一个核心部分就是界定梵蒂冈行使主权的领土范围和明确缔约双方的责任，以便在各处实施各自的安排和计划。圣座在接受划定梵蒂冈城国最多所能拥有之领土的同时，也拒绝将履行教会最高职能的所有实体都设立在上述所划分的领土内，如此以来，便必需在意大利领土内划分不同的飞地来安置这些实体。

总之，原则上，主权或条约中所论到的梵蒂冈主权的范围也在条约附则 I、II 和 III 中得到了明确。此外，根据 1929 年在条约中所确立的这些指示，还需要补充上一些豁免和意大利在政教协定中应承担的责任，同时，也需要考虑到在此之后，通过圣座与意大利所签署的协约，所做的不同变更。因此，并不是条约所有内容及其所附带的领土面积图至今仍为有效。

## 2.1 国家领土与其它领地

从管辖权角度来看，《拉特朗条约》将圣座主权行使的区域分成了三种不同的领地：1) 由条约第 3 条所确立的狭义的梵蒂冈城国领土；2) 在意大利境内但属于圣座所有的一些地方和宫殿，根据条约第 15 条，意大利承认其治外法权地位；3) 其它在意大利境内，但属于圣座所有的地方，同时，意大利也给予一定的行政豁免权。接下来我们将逐个对其进行分析。

1) 第一类属于梵蒂冈城国的主权领土，也就是由条约第 3 条所规定的，并在附则 I 领土面积图中所标示出的范围。针对此类领土，意大利承认圣座对其享有绝对主权和治权，并从狭义上形成了梵蒂冈城国的领土。其中包括圣伯多禄广场，而就此广场范围，梵蒂冈也给予意大利警察管辖权和维持公共秩序，但在特殊情况下，“因特殊功用”，圣座若认为适宜，可暂停公众自由通行。[133] 正如现行的《基本法》就该领土所做的规定："梵蒂冈城国对其行使主权和以下各项权力"(基本法，4-1°)。

2) 第二类则属于所谓的"治外法权"领地。这是针对梵蒂冈领土狭小，为了接受那些根据条约本身目的，允许圣座圆满而自由地履行其职能的实体，藉着条约所"设立"的区域。在未直接包括在附则 I 的地图中的情况下，意大利承认其享有特别的豁免权，类似于国际法承认外交使馆和在意大利领土内的一些地方，尤其是与圣座具有紧密连系的地方所享有的豁免权，以此解决了"梵蒂冈领土完整"的问题。[134] 针对这些领地，条约声明："尽管它们属于意大利领土，但将享有国际法承认的外国外交代表办事处的豁免权"（第 15-1°条），这就意味着对意大利在这些地方的管辖权的一种永久限制，[135] 这不同于根据《拉特朗条约》第 4 条，在梵蒂冈城国领土内的限制。在这些不动产和辖区内，梵蒂冈城国的相关机构行使"所拥有的权力"(基本法，4-2°)。

事实上，正如法理上所澄清的，在条约的背景下，从意大利的角度来看，这种地方豁免权旨在保护谈判的对象，换言之，"外

---

133 参：V. Plumitallo, *Brevi riflessioni sul regime giuridico di Piazza S. Pietro*, in "Il diritto ecclesiastico" 4 (1981) 619-624。

134 G. Morelli, *La condizione giuridica degli immobili indicati nell'art. 15 del Trattato del Laterano*, in "Diritto e Giurisprudenza", 60 (1945) 97; G. Diena, *La Santa Sede e il diritto internazionale dopo gli accordi...*, cit., 111-122; 另参 C. Iannaccone, *I rapporti giuridici fra lo Stato della Città del Vaticano ...*, cit., 13 ss。为了了解目前梵蒂冈不同领地的法律地位和豁免权，请参：G. Dalla Torre, *Lezioni di diritto canonico*, Torino 2018, 163-180; C. Daquanno, *La condizione giuridica degli immobili extraterritoriali della Santa Sede*, in "Archivio giuridico" 224 (2004) 319-373; V. Buonomo, *Considerazioni sul rapporto tra diritto canonico e diritto internazionale*, cit., 30 ss。

135 众所周知，"『治外法权』这个术语即使在外交辞令和学术语言中是错误的，但并不意味着应该将外国使馆视为外国领土，相反，只是在使馆范围内领土国通常的强制力得到了限制"（G. Casacchi, *Territorio dello Stato Vaticano e territorio dello Stato italiano*, in "Archivio Penale" 1946-II, 358-360）。

国代表的活动；条约第 15 条的规定意在保护梵蒂冈城国政府中央机关的活动”，类似于外交人员豁免权的延伸，同时也声明“天主教会的核心实体不得对意大利施以任何干涉”。[136]

治外法权延伸至属圣座所有的地方或宫殿，而不是梵蒂冈城国的属地(虽然城国主席也在这些地方履行某些职务和工作)，这些地方在条约中也有提到，具体来说，包括：拉特朗大殿、圣母大殿和圣保禄大殿；圣卡利斯托宫(palazzo di San Callisto)、教宗夏宫冈道尔夫堡、位于吉安尼科伦斯山(Colle Gianicolense)上的建筑物，正如在附录 II 的平面图内指出的不动产。针对上述地方，还需补充上依法“属于圣部和其他机构以及将要转让的不动产”。

上述所提到的，享有治外法权的一些地方，在签订《拉特朗条约》的时候，已经在圣座的掌控之下，所以条约只需“承认”它们属于圣座的财产即可。[137] 而还有些地方当时仍在意大利的控制之下，藉着条约，后来意大利履行了相应的法律责任，而将其圆满的所有权“转让”给了圣座。

3) 第三类地方就是意大利承认其在行政方面享有一定的豁免权，是由坐落在罗马而属于圣座财产的宫殿所形成的，这些地方除了行政上享有一定的意大利豁免权外，也享有治外法权。

---

136 参：G. Morelli, *La condizione giuridica degli immobili indicati nell'art. 15 del Trattato del Laterano*, cit., 97。另参：G. Caputo, *Extraterritorialità*, (dir. eccl.), in "Enciclopedia del diritto", 16 (1967), 154-161, spec. 157; S. Carmignani Caridi, *Significato e portata dell'art. 11 del Trattato lateranense*, in "Radio vaticana e ordinamento italiano: atti del Seminario di studi", G. Dalla Torre (a cura di), Torino 2005, pp. 1-16; F. D'Ottavi, *Il regime giuridico degli immobili di proprietà della Santa Sede previsto dagli articoli 13, 14, 15 e 16 del Trattato del Laterano*, in "Il diritto ecclesiastico" 94 (1983) 641-669; M. Tamburini, *Extraterritorialità*, in "Enciclopedia giuridica" XII, Roma, 1988。

137 宗座大殿应遵从意大利法律，尤其是涉及到允许在大殿下殡葬亡者的事宜时，关于此主题，请参：A.C. Jemolo, *Sulla c.d. extraterritorialità delle Basiliche patriarcali*, in "Il foro italiano", 79 (1974) 201-202, 205-206。

条约第 16 条规定，这些地方“除与圣座提前协议外，绝不应因公共用途而受到限制或被征用，并将免除国家和任何其它机构的普通税和非常税”。

条约签署后，属于第三类地方的有：罗马十二宗徒大殿（Santi XII Apostoli）、圣安德肋大殿（Sant'Andrea della Valle）和圣嘉禄大殿（San Carlo ai Catinari）；还有一些宗座学院：额我略大学（Università Gregoriana）、圣经学院（Istituto Biblico）、东方教会学院（Orientale）、考古学院（Archeologico）、俄罗斯修院（Seminario Russo）、伦巴底公学（Collegio Lombardo），以及圣阿波利纳Sant'Apollinare）的两座大楼和圣若望及圣保禄司铎避静院（Casa degli esercizi per il Clero di San Giovanni e Paolo）。

尽管已经含蓄说明，但仍有必要明确解释条约，圣座只要认为适宜，便能以不同的名义，自由地处置上述所提到的所有不动产，“不需要意大利政府、省或市当局的批准或同意，但在必要时，它们可确保其维持天主教拥有的崇高艺术传统”（第 16-2° 条）。因此，针对这些地方，圣座在国际层面上也有责任采取“所有应该采取的措施来保护自己的文化遗产，任何其它当局均不能以条件或其它限制干涉或干预，以保护景色、环境和考古财产，以及所有类型的文化遗产”。[138]

随着时间流逝，条约所涉及的这些地方和宫殿所处的情形，无论是因圣座的要求，还是因意大利对城市的规划，都有所变化。对附属物的重新定义、对地方的调换或针对不同地方的法律处境进行变更，都是通过圣座与意大利政府之间的外交普通照会，有的时候，也通过双方签订公约，来完成的。[139] 圣座以同样的普通

[138] S. Colaiocco, *Le immunità reali degli immobili della Santa Sede in Italia*, in "Archivio Penale", 2012, n. 2, 3-14, 5。

[139] 例如，1984 年 4 月 24 日，圣座与意大利之间所签订的协约便对冈道尔夫堡一带治外法权的区域进行了重新界定。针对扩建阿尔巴诺（Albano）陵园的事宜，圣座与意大利政府在 1981 年 1 月 23 日举行

照会措施，将罗马教廷各圣部所在地，及其所享有的根据条约第15-1°条所规定的地方豁免权之效果，通告了意大利政府。

## 2.2 政教协定中属地性质的特许

除了上述所言，好需要补充的是，《拉特朗政教协定》中也提到了意大利领土中的一些地方，意大利也承认圣座对其拥有一定的权力，并享有意大利的豁免权。至于将这些规定也纳入《拉特朗条约》，这也证实在两部文件当中存在着正式的关联。但是在《拉特朗条约》当中并未提及这些地方并不意味着这些地方便不享有条约第15-16条所规定的豁免权。[140]具体来说，政教协定中给予圣座的特许主要有三项：

1) 根据协定第27条，意大利政府有责任将“洛雷托的圣家大殿(Santa Casa in Loreto)、亚西西的圣方济各大殿(San Francesco in Assisi)、帕多瓦的圣安多尼大殿(Sant'Antonio in Padova)，及各自的附属建筑和相关事业”的拥有权和管理权让渡与圣座，除了“纯世俗性”事业外，国家不得干预；

2) 根据第27条规定，针对“在意大利境内，由圣座所管理的任何性质的实体，以及传教性公学院”，意大利也承担同样而一般性的责任；

3) 最后，根据政教协定第33条的规定，“圣座享有对存在于罗马和意大利其它地方之地下墓窟的支配权，并有义务对其进行看管、维护和保护”，包括对墓窟的挖掘权，但应遵守意大利

---

了普通照会，并将传信部乌尔班公学院所享有的外交豁免权扩大至冈道尔夫堡。

140 “相反，不享有豁免权的，除了意大利教会不动遗产和包括在政教协定，但未列在条约中的其它建筑和在意大利境内的复杂不动产外，还有洛雷托的圣家大殿(Santa Casa in Loreto)、亚西西的圣方济各大殿(San Francesco in Assisi)、帕多瓦的圣安多尼大殿(Sant'Antonio in Padova)，以及罗马和意大利其它一些地方的地下墓窟”(S. Colaiocco, *Le immunità reali degli immobili della Santa Sede in Italia*, cit., 3)。

的相关法律和第三章的权益。

此外，根据政教协定的第 1 条，意大利政府有重大责任“保障永恒之城、罗马教宗之主教席位、全世界天主教会中心和朝圣地的神圣性”：事实上，基于这种理由，意大利承诺“防止在罗马发生一切相反神圣性的事件”。藉此，旨在确保梵蒂冈城国的尊严得到应用的保护，而对于所面对可能出现的冲突，即使是自由的表达，根据政教协定的精神，也被视为是对公共秩序的扰乱。

### 2.3 对偶然事务的适应措施

事实上，在签订《拉特朗条约》的时候，条约所规定的很多地方仍处于不同于条约所要求的法律状态或地位，因为条约需要一个双方都需努力以便达到所希求之结果的过程。这对条约第 3 条所指明的梵蒂冈领土的具体规划来说，是极为迫切的，因此随后的条约内容便明确出了缔约双方各自的责任，以便根据条约尽快落实。

意大利有义务在条约生效之前清除一切妨碍正在建设之梵蒂冈城领土的障碍和约束，并有责任在未来禁止于梵蒂冈城周围有新的建设，以及拆除在特定地方已有的建筑，针对在未来以任何方式涉及到梵蒂冈城之利益的交通或建筑变更，均需双方共同协商。[141]

与此同时，圣座则有义务关闭出入口和为开放部分设置围栏，但圣伯多禄广场除外，因为正如条约所言，此广场应保持向

---

141 “意大利政府承诺不许在梵蒂冈城周围建造形成反光的(introspetto)新的建筑，因同样理由，并承诺拆除从卡瓦雷格里门(Porta Cavalleggeri)开始沿奥雷利亚大街(Via Aurelia)和梵蒂冈大道(Viale Vaticano)两边的部分建筑。根据国际法的规定，任何类型的飞机均不得在梵蒂冈领空飞行。本条约第十五条所指的域外管辖权并未延伸至鲁斯蒂库奇广场(Piazza Rusticucci)和柱廊附近地区，任何可能影响梵蒂冈的建筑或道路的变更均需共同协议”(拉特朗条约，第 7 条)。

公众开放。至于属于在梵蒂冈领土内的修会之不动产和实体，则由圣座直接对其进行规范，而无需意大利的干涉(参条约第 5-2°条)。这是在梵蒂冈领土内，因历史原因，所存在的为数不多的私有权的根源。不管怎样，这类不动产应遵循第五号法案《经济、商贸与职业法》中第 2-3 条的规定。

条约还确立了圣座所应承担的其它国际义务。《拉特朗条约》第 18 条便包含一项有关存在于梵蒂冈城国、博物馆和图书馆，以及拉特朗宫殿治外法权之地的艺术瑰宝和科学的具体义务。这是与管理和经营向公众开放的文学与艺术遗产密切相连的一项责任，这首先便关乎到这些财产的不可转让性特征，以及许可人对这些遗产自由参观和对其进行维护的义务。[142]

最后，对于一个不仅领土有限，而且还被包括在另一个国家领土内的国家之存在来说，确保日常生活与运转的基本供应，则是必需的。条约第 6 条中意大利所承担的责任，以及与意大利签署的各种公约——这些公约可视为的对条约的补充——都是为了达到这个目的。

条约第 6 条论到了梵蒂冈城国的飞地，主要包括供应水源、铁路交通等。诚如法理上所指出的，“在这种关系中，意大利对梵蒂冈城国来说，在上述服务上，拥有相应且永久的义务，而其根源即在于梵蒂冈城国的地理处境，但这并不是一种国际性的属地奴役”。[143]

从法律-技术角度来看，针对在条约中所提到了的实体和机构，条约创造了两种技术性概念，之后则成了圣座与意大利双边关系的参照。这两种概念就是“教会的中央机构”(第 11 条)和

142 参：C. Iannaccone, *I rapporti giuridici fra lo Stato ...*, cit., 34 ss。

143 “针对此等义务，梵蒂冈城国并没有权利拒绝和修正意大利主权在其境内任何地方的行使”(C. Iannaccone, *I rapporti giuridici fra lo Stato ...*, cit., 17)。

“圣座直接管理的机构”（第 17 条）：在这两种不同的概念中，后者包括在前者当中。

教会中央机构的概念是在条约的筹备工作中形成的，从法律上来说，是一个拥有多种意义的概念，并非仅保留于罗马教廷的管理机构，而是建基于一种意识：即首席职务的圆满行使并不只是集中于罗马教廷的机构，而且其它一些机构也分担这种职能，藉由这些机构伯多禄继承人的首席作用也得以发挥。正如谈判过程所显示出的，事实上，圣座原本想将罗马的各大殿、各修会的总会院、教会培育的高等学院等纳入到这类机构当中，这些主体以不同的方式协助履行了保留于教宗的职能。

“圣座直接管理的机构”则不同于，且独立于教会的中央机构，虽然事实上二者可兼容：所有由圣座直接管理的机构都是教会的中央机构，反之则不然。根据条约的规定，在罗马或意大利其它地方的由圣座直接的管理机构，享有一定的行政性和税务性的特权。[144]

最后，还需要补充的是《拉特朗条约》成功签署的基本历史。圣座对梵蒂冈领土的主权和条约赋予不同地方和各种宫殿的特权，在二战期间经受了武力的考验，交战的任何一方均未违反条

---

[144] 参：L. Lacroce, *Enti gestiti direttamente dalla Santa Sede e giurisdizione dello Stato italiano*, in “Il diritto ecclesiastico”, 1 (2000) 83-92。关于国家机关与罗马教廷的区别，请参：S. Carmignani-Caridi, *Curia Romana e Stato della Città del Vaticano. Criteri di individuazione dei rispettivi enti*, in “Il diritto ecclesiastico” I, (1988) 139-171; *Ibid.*, *Curia romana, enti canonici operanti nello Stato della Città del Vaticano o negli immobili “immuni”, enti vaticani. Incerti confini e rapporti con il giudice dello Stato italiano*, in “Recte Sapere. Studi in onore di Giuseppe Dalla Torre” II, Torino 2014, 797-830。F. Finocchiaro, *Enti centrali della Chiesa cattolica*, in “Enciclopedia giuridica”, XII (1989) 1-6； G. Ghisani, *Enti centrali, enti vaticani enti centrali della Chiesa. I broadcaster vaticani*, in “Archivio giuridico” 235 (2015) 265-302。

约。[145] 近来有些与领土主权和 1929 年条约相关的问题成了争议的焦点，特别是针对由梵蒂冈电台所引发了电波干扰和有关条约第 6 条所规定的供应水源的法律制度所提起的诉讼。[146]

## 3. 梵蒂冈城国的居民：国籍与居留

除了领土和主权之外，通常居民也被视为是构成国家的基本要素之一。正如其它两种构成要素，国家的“居民”，作为维护教宗独立的要素，也有独特特征，而其法律效果也值得明确阐释。

然而，2023 年的《基本法》有意特别地提到了“城国团体”，虽然在法律层面上没有特别的意义，但该团体除了国民和居民外，也包括“以教会精神，为城国或为圣座，固定地开展其服务工作”(基本法，5)的圣座员工，后面我们将会看到，这些员工以不同的方式受梵蒂冈法的管辖。

### 3.1 一般概念

《拉特朗条约》第 9 条特别论到了国家构成要素中的个人主体，在随后的第 10 条和第 21 条当中，也从不同的角度论到了这一要素。条约中规定的国籍并不是永久性的，而国籍是建立在于梵蒂冈领土内有固定居所的基础上的，除此之外，还论及了依法拥有国籍和因与圣座拥有特别关系的某些主体所享有的意大利法律豁免权。

为了更好地理解条约中所提到的这些情况，则需要先理解一些基本的概念。当论到某地的居民时，通常是指生活在同一领土内，并形成其常住人口或群体的所有人之总和。但是，不应将此概念与“国民”相混淆，国民出了同体的居住地外，还包括拥有

145 唯一的例外就是 1944 年 2 月圣保禄隐修院(Abbazia di San Paolo)的豁免权遭到了侵犯，请参：G. Preziosi, *Non li salvò neanche la tessera dell'Osservatore*, in “L'Osservatore Romano”, 3-4 febbraio 2014。

146 参：G. Dalla Torre，*Lezioni di diritto canonico*, Torino 2018, 13-20。

同样的文化、历史和传统，事实上这样的国民还形成社群。而对梵蒂冈来说，这种概念只能在神学与教会法中才能出现，即拥有共同的遗产，而这遗产则来自于共同的信仰，事实上，正是因此信仰，共同生活在梵蒂冈领土内，并为教宗服务。

此外，通常将一个国家的居民或在该国内有居所的人称之为“公民”，并享有一定的权利和义务。国籍的法律地位则是指主体与所属国家之关系的法律性质，拥有国籍，便承认他享有圆满的民事权利和政治权利，无论是积极的，还是消极的。相反，“庶民”或“下属”的概念，在这种背景下，则是指受一个国家主权管辖的身份，主要将其视为对国家之义务与权利的被动主体。[147]

至于《拉特朗条约》第 9 条，虽然并未使用“国籍”这个术语，但所规定的关系，公民相当于庶民，在论到圣座主权的主体时，其中这样说：“凡在梵蒂冈城拥有永久居住权者都受圣座主权管辖。该居住权不因在其他处临时居住而丧失，但在该城丧失住所或证明放弃该居住权的情况除外”。

梵蒂冈人口的主观要素也呈现出了梵蒂冈城国的另一个独特性。对国家真正庶民的承认自一开始就是与意大利政府谈判中的一个具体困难点。[148]条约第 9 条所勾勒出的解决方案确立了主体对圣座主权的隶属关系，但并不是以传统的国籍准则为参考，而是以在梵蒂冈领土内有固定住所为准则，正如卡梅奥所指，这

---

[147] 参：F. Cammeo, *Ordinamento giuridico...*, cit., 281-282；L. Valery, *La nationalité vaticane*, in “ Revue de droit international privé” 26, 1931, 1-37; M. Petroncelli, *Problemi aperti sulla cittadinanza vaticana*, in AA.VV. “Studi di diritto ecclesiastico e canonico” I, Napoli 1978, 419-454。

[148] 针对梵蒂冈城国来说，“国民是由具体的人所形成，但这些人并未形成一个族群或梵蒂冈民族，他们成为公民，并不是因血缘关系、或夫妻关系、或简单的法律关系，而是因在所从事的职务而在梵蒂冈领土内有固定住所的缘故”（W. Hilgeman, *La nuova Legge sulle Fonti del Diritto dello Stato della Città del Vaticano. Prime note ed osservazioni*, in “Apollinaris”, 83 (2010) 43-84, 47, nt 19）。

在其他国家的立法中已有先例。[149] 1929 年的第三号法案便采纳了这种思想，如今 2011 年所颁布的关于梵蒂冈城国国籍、居所和出入的第 131 号法案也延续了同一思想。[150]

因此，梵蒂冈城国的国籍也被称为职能性国籍，也就是说，这是一种介于赋予国籍的两种传统方式——依法或以血缘关系——之间的形式，并根据梵蒂冈法律的规定而赋予国籍。“既不是在梵蒂冈城国的居所，也不是在其领土内诞生，便可以依法赋予国籍，而是在一定的条件和法律规定下，根据一定的特许”，[151] 才能获得国籍。

然而，诚如莫莱利所指，应绝对拒绝在条约第 9-1°条当中采用“隶属于圣座主权”这种表达纳，而仅将国籍保留给那些有居所的人，“一个国家若拒绝对那些并无住所，但在其国土内的人，行使国家权力，这是不可思议的”。[152] 在国家主权之下，除了公民外，也包括那些实际处在梵蒂冈领土内的人。

在厘定梵蒂冈国籍中，条约中的准则也包括缔约双方的一项责任。对梵蒂冈城国来说，是一项约束公民身份法律能力的条款，

---

149 卡梅奥具体提到了巴西 1899 年 12 月 14 日的法案和委内瑞拉 1855 年 5 月 28 日的法案，“两部法案将国籍赋予了所有在其领土内的人”（F. Cammeo, *Ordinamento giuridico...,* cit., 59）。

150 参：本笃十六世，关于梵蒂冈城国国籍、居所和出入的第 131 号法案，2011 年 2 月 22 日。另参：W. Hilgeman, *La nuova Legge sulle cittadinanza, la residenza e l'accesso*, in “Ius Ecclesiae” 23 (2011) 506-530; A Sarais, *La cittadinanza vaticana*, Città del Vaticano, 2012. Per la disciplina precedente, vedi F. CAMMEO, *Ordinamento giuridico…*, cit., 51 ss.; P. Ciprotti, *Appunti di diritto privato vaticano*, Roma, 1938, 78 ss。

151 F. Ruffini, *Lo Stato della Città del Vaticano...*, cit., 301, nt. 6; V. Del Giudice, *Corso di diritto ecclesiastico*, Milano, 1939, 225 s.; C. Iannaccone, *I rapporti giuridici fra lo Stato...*, cit., 20 ss.; G. Ottolenghi, *Sulla condizione giuridica del Città del Vaticano*, in “Rivista di Diritto internazionale” 22 (1930) 180-195。

152 G. Morelli, *Il trattato fra l'Italia e la Santa Sede*, cit., 207。

“杜绝梵蒂冈拥有自己固定且不断扩张的国民”。[153] 与此同时，条约中的规定还有一种效果，即“迫使意大利勿将那些因满足所规定的条件而拥有梵蒂冈国籍的人视为自己的国民”。[154]

《拉特朗条约》第 9 条中的第三款规定，如若在与梵蒂冈城国相关的事务上没有特别的法律规定，梵蒂冈居民也应遵守意大利的相关法律，对于属人法也是如此，如若当事人还拥有其他国籍，还应遵守所属国家的法律。[155]

## 3.2 梵蒂冈国籍的授予

因此，遵从《拉特朗条约》第 9 和第 21 条的规定，2011 年颁布现行的“有关梵蒂冈城国国籍、居所和出入”的第 131 号法案，规定了三类依法具有梵蒂冈国籍的居民：1) 居住在梵蒂冈城内或罗马的枢机(参第 21-1°条)；2) 在职的圣座外交人员[156]；3) 因所担任的职务或从事的服务工作，而居住在梵蒂冈城内的人，抑或，即使实际上并未在梵蒂冈居住，因职务依法获得国籍身份的人。[157] 因此，至少原则上，这是一种因“服务”(服务教会，尤

---

153 C. Cardia, *Principi di diritto ecclesiastico*, 5a ed., Torino 2019, 310。“在很大程度上，肯定了国籍的职能性观念，而国籍或因所担任的职务，或因与梵蒂冈公民有密切的家庭关系才能获得。这种职能性的观念藉着丧失国籍的规定而得到肯定和强化，且更清晰的呈现出防止任何形式的国民自动扩张的意愿”（C. Cardia, *Vaticano e Santa Sede dal Trattato lateranense a Giovanni Paolo II*, cit., 18）。

154 G. Morelli, *Il trattato fra l'Italia e la Santa Sede*, cit., 208。

155 P. Ciprotti, *Appunti di diritto privato vaticano*, cit., 82-83。

156 根据教会法，教宗代表在履行职务期间享有梵蒂冈国籍，但同时拥有他国国籍，对圣座而言并不是问题。1940 年 7 月 23 日至 8 月 17 日圣座国务院与意大利大使馆之间的普通照会赞同担任教宗代表职务的意大利国民，在其于他国履行职务期间，也应遵守条约第 9 条的规定，“即在此期间他们也被视为是在梵蒂冈城拥有固定居所的人”。1990 年 5 月 24 日，针对这类人所举行了另一次照会，又规定：“根据圣座相关法律，即使获得梵蒂冈国籍，也不丧失其意大利国籍”，此外，还承认“在与意大利的关系中，鉴于梵蒂冈国籍的职能性特质，梵蒂冈国籍优先于意大利国籍”。

157 这就是梵蒂冈国法院所有法官们任职期间的情况，诚如 2020 年 3

其是服务圣座)而获得的国籍，而不是政治性的主体地位，从圣座的角度来说，具备梵蒂冈国籍的同时，也拥有他国国籍，是可以并存的。[158]

除了依法获得梵蒂冈国籍之外，还可以向教宗提出申请，而教宗通过梵蒂冈城国主席，因不同的理由，将国籍授予：1) 凡是因职务或服务而居住在城国内的人；2) 那些与工作或职务无关，但由教宗批准住在梵蒂冈城中的人；3) 梵蒂冈公民之配偶和子女，获批准而与其一起住在梵蒂冈城中。但是，在所有这些情况中，相较主体性的权利而言，国籍更被视为是这些主体的合法权益，但这种权益应由国家行政当局来判断和认可。[159]

1929 年第三号法案，至少从原则上来说，是以公民身份与固定居住在梵蒂冈领土内的人之身份一致为出发点的。[160] 然而，在 2011 年新的《国籍法》中，公民的身份不再自动地来自于居所，因为有些获准且固定地居住在梵蒂冈城国领土内的人并未获得国籍，且无特别的兴趣申请国籍，这是 1929 年的立法所未曾料到的。

有关梵蒂冈城国公民的法律法规具有独特的特征，这是出于国家本身的职能性特质，所以一切都取决于国家的目的，这一点我们已经阐述过。对拥有梵蒂冈国籍的人之人数的限制恰是为了国家的目的。因此，国家的相关法律所做的重新评估，尤其是针对所谓的政治权利的考量，通常与公民身份是不可分的。

国家公民都需登记在由国家主席所保管的特别登记薄内，并

---

月 16 日所颁布，“有关梵蒂冈城国司法条例”的第 351 号法案第 4 条所规定的(参：罗马观察报，2020 年 3 月 16-17 日，6-7)。

158 参：G. Fermanelli, *Considerazioni in ordine alla doppia cittadinanza delle persone residenti in vaticano*, in “Il diritto ecclesiastico” 1975, 274-276。

159 参：V. Pacillo，*Commento alla legge ...*, cit., 415。

160 参：同上，413。另参：F. Cammeo, *Ordinamento giuridico…*, cit., 397。

获得一个身份证。为那些附和条约第 19 条的人颁发外交护照或服务于圣座的护照，则是国务院的权限；而其他公民的护照，则由国家主席颁发。[161]

根据教会的伦理原则，有关国籍与居所的法律也考虑到了家人的情况，因此，从这种意义上来说，若有家庭状况的证明，也向公民的配偶和子女颁发居留许可；然而，因宣布婚姻无效、因未遂而解除婚姻关系，或宣布夫妻分居，其居留许可便得终止。

公民身份可因三种情况丧失：1) 自愿永久放弃在梵蒂冈的居所(若是枢机，则放弃在罗马的居所)；2) 依法丧失：因所担任的职务而有居住权或国籍权，或因其它情况（公民子女年满十八周岁），其职务依法终止(外交人员终止其服务时)，便依法丧失其公民身份；3) 强制丧失公民身份：即居住在梵蒂冈城国之许可被撤销。[162]

意大利有责任接纳那些丧失梵蒂冈公民身份且无其他国籍的人为自己的国民，这些人“停止受圣座主权管辖后，根据意大利法律，不论上述何种情况，如若他们没有任何其他国籍，在意大利将被视为意大利公民”(条约第 9-2°条)。显然，条约的这项规定并不涉及那些在梵蒂冈居住且拥有他国国籍的人，此外，也排除任何无国籍的情况。[163]

---

161 参：art. 1 Ordinanza n. LV *per il rilascio dei passaporti dello S.C.V.*, del 28 dicembre 2007, in AAS Suppl. 78 (2007) 89-90。另参：W. Hilgeman, *La nuova legge sulla cittadinanza, la residenza e l'accesso*, cit., 515。

162 参：W. Hilgeman, *La nuova legge sulla cittadinanza, la residenza e l'accesso*, cit., 519；F. Cammeo, *Ordinamento giuridico…*, cit., 55-56；A. Benazzi, *Note sulla cittadinanza vaticana*, in *Stato civile italiano* 1964, 287。

163 “这里所讨论的情况，应理解为凡是丧失了梵蒂冈国籍，与此同时并无其他国国籍的人……将或获得意大利国籍；如此以来，便避免了在丧失了梵蒂冈国籍之后便处于无国籍之情况的这种危险”(G. Morelli, *Il trattato tra l'Italia e la Santa Sede…*, cit., 210)。

## 3.3 居住在梵蒂冈城国的许可

除了梵蒂冈公民的相关情况外，上述所提到的 2011 年的新《国籍法》还规范了旧法未曾涉及到的情况。

在这些新情况中，包括《国籍法》第一条第二款当中所所提到的依法获得国籍的情况，意即：因职务之故，或因教宗的指示，以及公民之配偶和子女，获准在梵蒂冈境内居住的情况。

根据国籍法，梵蒂冈城国主席也可授予一定时间的居留期限给：1) 梵蒂冈公民或居民之家人；2) 协助家政工作者；3) 其他有相应证明者。

法律为针对是否授予居留所做的判断留下了很大的空间，同时要求主管当局评估其适宜性。从某种角度来说，这代表着对主导全部法律的强制性准则的部分废除。总之，许可居留应该是有一定期限的，之后也可申请更新，同样，也可在事先通知的情况下撤销居留，或根据情况，立即撤销。

与居留相关的一个独特性就是由《国籍法》第 14-15 条所规定的，在城国内为公民和居民分配住所。事实上，就此而言，其中的第 14-1°条则指出："应由主管行政部门分配在梵蒂冈城内的住所"，因为在梵蒂冈城国内有多个行政部门，但是，前提条件是应由主管当局授予国籍或准许居留，否则任何部门都无权将住所给予未获得许可之人。[164]

分配住所的当局，于事先通知相关人的情况下，也有权利更换住所，以及在事先给予相应通知后，收回住所；但是，此等措施应有正当而合理的理由。若有正当理由，可直接撤销所给予的住所，若没有其它规定的话，也将依法丧失在梵蒂冈城国内的居留许可。导致直接撤销住所和丧失居留资格的正当理由也应该是

---

164 参：W. Hilgeman, *La nuova legge sulla cittadinanza, la residenza e l'accesso*, cit., 527。

撤销在梵蒂冈居留许可的同样理由。

无论是居民，还是公民，都应在主席办公登记处备案，记录户口信息和获得居留许可的名义：此外，还会颁发一个梵蒂冈城国出入许可证。[165]

## 3.4 梵蒂冈城国的出入

除了国籍和居留外，2011 年的《国籍法》还规范了梵蒂冈城国的出入，并与圣座在《拉特朗条约》中所承担的三项主要责任保持一致，以此确保其国际性特征[166]：1) 圣伯多禄大殿的公开出入；2) 圣伯多禄广场的公开出入；3) 允许出入梵蒂冈博物馆和图书馆的义务，以使公众受益；事实上，正如条约第 18 条所言："在梵蒂冈城内及拉特朗宫内现存的艺术和科学珍品将继续向学者和游客开放，但圣座有充分自由来管理公众出入"。

因此，在这种背景下，《国籍法》第 9 条规定："除了梵蒂冈领土内允许自由出入的地方外，凡是非梵蒂冈城国公民或没有居留的人，需拥有由城国主席处根据所规定的方式所颁发的许可，方可进入其领土内"。梵蒂冈城的出入目前是由城国主席在 1932 年制定的条例所规范，最近于 2007 年由城国主席藉由法令对此做了修订。[167]

出入许可证"允许在给予许可时所申请的时间内停留在梵蒂冈城中"(国籍法，第 9-3°条)。若是临时许可，则会颁布特别身份证，以证明授权。若是经常出入，无论是圣座的职员，还是因

---

165 参：W. Hilgeman, *La nuova legge sulla cittadinanza, la residenza e l'accesso*, cit., 521。

166 参：G. Dalla Torre，*Lezioni di diritto canonico*, cit., 42; W. Hilgeman, *La nuova legge sulla cittadinanza, la residenza e l'accesso*, cit., 522。

167 参：Governatore dello S.C.V., Regolamento n. XXXVI del 27 dicembre 1932 *per l'accesso alla Città del Vaticano*, in AAS Suppl. 4 (1932) 73-76; Presidente del Governatorato, Decreto n. XLII del 29 giugno 2007, *di modifica del Regolamento di accesso alla Città del Vaticano*, in AAS Suppl. 78 (2007) 29-30。

不同理由经常出入梵蒂冈的其他人，则会颁发永久出入证。总之，根据授权的类型，正如城国内部规定，颁发许可的主管当局也不同。[168]然而，枢机与主教及其随从、驻圣座外交使团成员和教宗亲属，则无需此类许可。

此外，还规定了在有正当理由时，可拒绝颁发出入许可证；行政当局因正当理由，或司法当局因刑事处罚，禁止某人出入。“凡是无需必要许可而在梵蒂冈城内之人，或在许可期满后，或被撤销后，可被强制离开”（国籍法，第 12-2°条）。[169]

最后，关于车辆出入，《国籍法》第 13 条规定：“凡是由非公民或居民者驾驶之车辆，在获得事先许可后，便可进入梵蒂冈城”，但在城国内应遵守相关的车辆交通法规。[170]

## 3.5 梵蒂冈公民和显贵在意大利的法律地位

在结束对梵蒂冈城国“居民”这个问题的分析之前，还应考虑《拉特朗条约》在国际私法事务上所论到的一个具体方面，即

---

168 参：Presidente del Governatorato, Decreto n. XLII del 29 giugno 2007 sulla disciplina di alcuni documenti。

169 “无论是禁止出入，还是强制离开，并未指出制定措施的主管当局。似乎很自然地会想到，在第一种情况下，主管权限应属于担任城国主席的枢机；事实上，作为有权颁发出入许可者，也应有权禁止出入”（W. Hilgeman, *La nuova legge sulla cittadinanza, la residenza e l'accesso*, cit., 526）。

170 具体而言，包括：Decreto n. CCLXV *sulla vidimazione e rilascio di patenti*, del 3 dicembre 1996, in AAS Suppl. 67 (1996) 97-102; Decreto n. CCLXXVIII *contenente il Regolamento per la circolazione degli autoveicoli*, del 12 giugno 1997, in AAS Suppl. 68 (1997) 71-78; Legge n. CCVCVI *che modifica e integra la legislazione sulla disciplina della circolazione stradale*, del 3 giugno 1998, in AAS Suppl. 69 (1998) 33-34; Legge CCCXXXVI *che modifica e integra la legislazione sulla disciplina della circolazione stradale*, del 8 giugno 2000, in AAS Suppl. 71 (2000) 43-48; Ordinanza n. CCCLXXV *che determina in euro l'importo delle sanzioni pecuniarie*, del 22 gennaio 2002, in AAS Suppl. 72 (2001) 151-154。

在意大利法律中所涉及的相关问题。

总的来说，梵蒂冈公民的身份会使梵蒂冈法在所有事务上均适用，只要根据法律处理所有事务即可。就此而言，《拉特朗条约》第9-3°条规定，梵蒂冈公民也应遵守意大利的法律，如果他们拥有其他国籍，也应遵守其所属国家的法律。这条规定旨在预防梵蒂冈法律的漏洞，这种担忧在梵蒂冈城国成立之初也是可以理解的，尤其是涉及到属人层面比较棘手的事务时。[171]

此外，在条约中，意大利也承担针对两种人的具体法律责任，无论这些人是否拥有梵蒂冈国籍：住在意大利的枢机和圣座的显贵或正式官员。

条约第 21-1°条则声明："所有枢机主教在意大利享有亲王(Principi del sangue)所有的荣誉"，这不仅是针对住在意大利的枢机，即使在意大利通过普通照会对相关法律做了修订后，[172]这一点仍得到保留。根据 1990 年的以此普通照会所交换的意见，[173]就像从事外交工作的意大利籍教会职员一样，住在梵蒂冈或罗马的枢机也享有双重国籍。2008 年双方所签订的一项协约最终解决了《意大利刑法典》第 205 条针对有关枢机主教有权在诉讼中于其所指定的地方作证所遇到的困难：根据新的协约，这项权利仅保留于"在圣座担任重要职务"的枢机主教。[174]

根据条约第 10 条，意大利有责任在法律上给予特别待遇的其他对象还有教会的显贵和教廷的成员，[175]以及圣座的正式官员和有固定工资且被宣布为从事不可或缺之职务的职员。这两类人

---

171 参：G. Morelli, *Il trattato fra l'Italia e la Santa Sede...*, cit., 214-215。
172 参：1946 年 12 月 31 日至 1947 年 9 月 26 的普通照会。
173 参：1990 年 5 月 24 日意大利使馆与圣座国务院之间的普通照会，载于 J.I. Arrieta, *Codice di Norme Vaticane*, Venezia 2006, 612-613。
174 参：*Relazione della Commissione Paritetica Italo-Vaticana dell'8 dicembre 2008*, in "*Communicationes*" 41 (2009) 63-67。
175 参：Paolo VI，*m.p. Pontificalis Domus* del 28 marzo 1968, in AAS 60 (1968) 305-315。

无论是否在梵蒂冈城内居住，都“将始终免服兵役、陪审团和任何属人服务的义务”。根据圣座所提供的信息，这些人的名单应由双方协议每年予以更新：针对条约第 10 条的实施，双方在 1932 年批准了首次协议。[176]

## 4. 城国的可持续性与《拉特朗条约》的双边发展

“罗马问题”以政教协定的方式得以解决既关乎到意大利，也涉及到圣座。对意大利来说，以天主教徒为多数的整个国家经历了十多年的撕裂，深受伤害的社会得到了治愈。对圣座而言，教宗一直寻求的对一切世俗权力的独立最终以可见的方式呈现于世，多个世纪以来，教宗们都是藉着教宗国的世俗权力实现这种独立的。

最终所寻获的法律性解决方案以双方在具体对象上的让步和承担责任而达成，通过共同协定而得以解决。虽然双方都宣称各自的自治权得到了保证，狭小的领土和在意大利境内的飞地，在没有国际干涉的情况下，最终只能通过意大利对刚刚确立的梵蒂冈城国之可持续性给予支持的正式承诺而得以解决。

因此，条约第 6 条规定的意大利所承担的责任是极为重要的，其中规定在实施了梵蒂冈狭小领土周边的建设之后，意大利承担所有费用，并在条约签署一年之后履行承诺，通过与梵蒂冈相关部门的协议，来确保梵蒂冈一系列基本的需求，以维持梵蒂冈城国生活的正常发展。

---

176 参：*Protocollo di Accordo fra la Santa Sede e il Governo del Regno d'Italia*, del 6 settembre 1932, per l'esecuzione dell'art. X del Trattato Lateranense, in J.I. Arrieta, *Codice di Norme Vaticane*, cit., 612-613. Di fatto, l'elenco delle cariche rilevanti venne modificato con scambio di Note Verbali del 24 novembre 1970, in J.I. Arrieta, *Codice di Norme Vaticane*, cit., 606-608。

此外，条约第 25 条论到了条约的组成部分附录四，而附录四的内容包括一个财务性的协定，“规定了圣座向意大利清算所欠之款项”，这些款项是意大利王国在统一过程中因充公圣座遗产和没收教会财产所产生的。

此外，对梵蒂冈城国圆满主权的承认也促成了意大利法律中的一种税收制度，这制度关乎所有来自于梵蒂冈的付款，这正是因为梵蒂冈犹如完全被意大利国包围的一小块飞地，代表着一种重要的财政抚慰。事实上，根据条约第 17 条，“从 1929 年 1 月 1 日起，凡圣座、天主教会的中央机构及其他包括罗马以外的圣座直接管理的机构，向教会要员、职员及雇员所支付之任何类型的酬劳，即使不是固定的，在意大利境内都将免除国家或任何其它机构的任何税收”。意大利以这种方式声明最大限度地免除来自于圣座一切类型支付的税收。[177]

根据条约第 6 条，意大利将“确保在梵蒂冈城有充足的水源供应。意大利将通过在梵蒂冈城内，于附录地图(附件一)所示的位置，建立火车站，以及梵蒂冈火车在意大利铁路上的通行，来确保与国家铁路联网。......将确保梵蒂冈城内的电报、电话、无线电报、无线电话和邮政服务直接与其他国家相连。最后，意大利还将协调其他公共服务”。

在落实此等承诺时，尤其是在签署条约后的那些年，针对具体的问题，双方又签订了一系列的协约和协议。这些双边协议的内容后来也被纳入意大利和圣座所制定的法律中。在最初的几年中，这些协议是由城国主席，根据第四号法案《行政法》第 5 条所赋予的权力所签署的，随后直接由圣座国务院将其正式升级为法律。从这种意义上，为了落实《拉特朗条约》第 6 条和第 25 条，并由此直接所延伸出的主要双边协议有以下几个：

---

[177] 在此事务上最新的变动就的圣座与意大利在 2015 年所达成的税收公约，这是在九十年之后，对《拉特朗条约》第 17 条所规定之内容的再次核准。

### 1) 《财政协定》[178]

这项协定是在 1929 年 2 月 11 日达成的，并且是《拉特朗条约》筹备工作中重要的谈判内容，通过这项协定，圣座与意大利之间因在教宗国沦陷之后财产被充公而产生的债务问题，得以清算。其内容呈现在《拉特朗条约》附录四当中，并指出教宗一方面考虑到教宗和宗教财产的丧失造成了巨大的损失，另一方面，也考虑到“意大利的财政状况和战后民众的经济条件，便认为应将经济赔偿的要求尽可能缩减”，若是接受了《保障法》所提出的经济负担，甚至要求低于意大利本应支付的款项，但是圣座从未同意这部法律，也从未接受过意大利的经济补助。

事实上，为了支持梵蒂冈城，意大利通过条约以固定的方式所承担的经济责任，代表着对财政协定重要的补充，而此项财政协定也使意大利的赔偿相对圣座因遗产充公所遭受的损失来说，更为公正。[179]

### 2) 《邮政服务实施协定》

这是《拉特朗条约》之后，在 1929 年 7 月 29 日所签署的第一项协定，旨在落实条约的第 6 条。基本上至今仍有效，所涉及的是梵蒂冈城，藉着意大利服务的协助，与全世界的邮政事务。这项协定规定了藉着意大利政府的经济援助和技术支持，在梵蒂冈城内设立一个邮局。其中还确立了交托信件和收获来自于第三国或意大利的邮包时意大利邮政服务的交接程序、双方的义务和因遗失或私自拆封所承担的行政责任，并指出将 1924 年 8 月 28

---

178 参：*Convenzione finanziaria, Trattato Lateranense fra la Santa Sede e l'Italia dell'11 febbraio 1929*, Allegato IV, in AAS 21 (1929)273-274。

179 事实上，诚如柏特龙切利所指，“对支持梵蒂冈城具有国家性质这种主张能够出现的唯一反对意见就是：梵蒂冈城缺乏自治主权”(M. Petroncelli, *La Santa Sede e lo Stato della Città del Vaticano*, cit., 183)，至少从结构的完全可维持性来说，若没有与意大利所签署的条约所提供的援助，以及藉着《财政协定》来“补充”财政上的“拮据”，梵蒂冈城国便很难立足。

日在斯德哥尔摩签署的《国际邮政公约》和协定作为补充性条例。这项协定也赞同将梵蒂冈邮政服务，通过封印后的包裹，借用人力和梵蒂冈邮局的车辆，广及于在梵蒂冈城外的圣座部会和办事处。当时不同类型服务的邮费也定期地予以更新。[180]

### 3) 《电信服务实施协定》

梵蒂冈城国与意大利王国为了落实电信服务，在 1929 年 11 月 18 日签订了这项协定，并于同年开始生效。这项协定规定要在梵蒂冈城内建立一个电信局，由意大利提供电信技术，在梵蒂冈的要求下，也负责梵蒂冈城内的维护。因此，根据这项协定，意大利当局批准了技术链接和收费标准，并适时更新，还对官方通讯给予了特别关注。意大利承担了大部分的经济费用，双方都赞同遵循国际电信条例。此外，协定第 5 条规定圣座加入国际电信公约。

### 4) 《梵-意境内交通管理协定》[181]

1929 年 11 月 29 日，由梵蒂冈城国主席与意大利驻圣座大使签署了有关交通的协定。这项协定规定了两国公民在遵守相关法律的情况下课自由通行，也相互承认交通证件。针对梵蒂冈拍照也免除了交通税。其中第 3 条，则以过渡的方式，授权意大利相应当局办法驾驶证，直至梵蒂冈城具备相应部门为止。

---

180 1929 年 7 月 29 日，由梵蒂冈城国主席和意大利邮电部副部长所签署的这项协定，在同年 8 月 1 日开始生效，并藉着梵蒂冈城国主席第 8 号主席令——1929 年 7 月 30 日签署的《关于邮政服务》——在梵蒂冈法中得到了进一步发展。参：Governatore S.C.V., Ordinanza n. VIII del 30 luglio 1929, in AAS Suppl. 1 (1929) 41-44。

181 参：J.I. Arrieta, *Codice di Norme Vaticane*, cit., 91-93. La prima norma vaticana riguardante la materia è il Regolamento n. XII *per la circolazione degli autoveicoli*, del 31 gennaio 1930. Per la normativa attualmente in vigore, si veda Legge n. LII del 22 giugno *1970 sulla disciplina della circolazione stradale*, in AAS Suppl. 41 (1970) 17-26。

### 5) 《海关协定》[182]

为了落实《拉特朗条约》第6条，1930年6月30日，通过圣座国务院与意大利使馆之间的普通照会，签署了这项海关协定。其中第1条规定了意大利或外部货车在梵蒂冈城国内免税，第2条则将此特权延伸至条约附件二和附件三中所指属于治外法权的地方和属于圣座财产的宫殿。其它内容则明确了管控方式和交货方式，并在2007年通过实施议定书做了进一步的更新。[183]

### 6) 《民事与商业事务通告协定》

1932年9月6日，梵蒂冈城国主席与意大利驻圣座大使签署了另一项有关民事与商业事务通告的协定，至今仍然有效。文件指出双方的司法当局有权派发或接收相关通告，应包含所要求的内容。此协定在考虑到了拉特朗条约所承认之豁免权的同时，也附带了一项声明，根据此声明，此等通告应遵守国际法所要求的形式，通过一般的外交途径来通告相关事宜。[184]

### 7) 《铁路协定》

在经过多次核实与协商后，1933年12月20日圣座国务院与意大利驻圣座大使签署了这项《铁路协定》。此协定指出了确定机车及设备归属权的准则、设备供应、为维护设备应支付给意大利的费用、运送人或货物时对铁路的使用、圣座组织运输通行意大利的权力和意大利对此需求应负的责任，也包括其他国家。[185]

---

182 参：J.I. Arrieta, *Codice di Norme Vaticane*, cit., 95-99。

183 参：*Protocollo di attuazione degli artt. 4-8 della Convenzione doganale tra lo Stato della Città del Vaticano e l'Italia,* del 15 febbraio 2007, celebrato tra il Governatorato dello S.C.V. e il Ministero della Economia e delle Finanze della Repubblica italiana。

184 参：J.I. Arrieta, *Codice di Norme Vaticane*, cit., 101-102。

185 参：同上, cit., 103-105. Alla Convenzione seguivano due allegati, uno con la planimetria della ferrovia in territorio vaticano, e l'altro contenente un *Regolamento per l'esercizio della Stazione della Città del Vaticano e per la disciplina della circolazione dei treni e dei veicoli*

### 8)　《医务协定》[186]

1934 年 10 月 4 日，城国主席与意大利大使共同签署了这项《医务协定》以满足梵蒂冈公民或居民，因城国主席书面要求，在意大利公立医院的正常住院需求。此协定规定了住院期限直至健康危险消除为止，和在每年末根据每个医院对意大利贫困人口制定的现行收费标准，全部退还梵蒂冈所支付的费用。

### 9)　《太平间警务服务协定》

在经历了 1929 年 9 月对此事务所达成的临时协议后，最终于 1938 年 4 月 29 日，圣座国务院与意大利大使共同签署了《太平间警务服务协定》。这项协定为双方确立了颁发尸体进出许可证和死亡证明，以及规范尸体运输条件和必要文件的相关主管当局。[187]

### 10)　《社会保险协定》[188]

近来所签署的一些其它协定也被视为是1929年条约的发展。2000 年 6 月 16 日，圣座与意大利共和国签署了一项《社会保险协定》。根据此协定，应确保“无论其国籍如何，不管是自主劳动者，还是雇佣劳动者；不管是梵蒂冈职员，还是根据相应法律，与其相当者；不管是受缔约双方或一方法律管辖者，以及其家人”(协定第 3 条)得到适当的救济或补助。在此协定签署的同一天，也达成了一项为落实此协定的实施性协议。[189]

---

*della Santa Sede sulle ferrovie italiane*。

186 参：J.I. Arrieta, *Codice di Norme Vaticane*, cit., 107-108。

187 参：J.I. Arrieta, *Codice di Norme Vaticane*, cit., 109-112。

188 *Convenzione di Sicurezza sociale tra la Santa Sede e la Repubblica italiana* del 16 giugno 2000, in AAS 95 (2003) 830-848。协定是由圣座国务卿与意大利总理签署的。第一部规范梵蒂冈退休金的文件是 1937 年 12 月 13 日颁布是手谕《*De pensionibus ordinandis*》，而现行的文件则是 2015 年 5 月 8 日颁布的手谕《*Il fondo pensioni*》，in AAS 107 (2015) 509-519。

189 参：*Accordo amministrativo per l'applicazione della Convenzione di*

## 11) 《税务协定》[190]

在一种相互合作和共同寻求解决方案的氛围中，圣座与意大利政府在 2015 年 4 月 1 日共同签署了一项《税务协定》，以完全透明和相互监督的方式，最终解决有关在梵蒂冈城国从事商务活动的意大利纳税人的问题，这个问题自始便是潜在冲突的泉源。这项协定规定了解决由在梵蒂冈城国内从事商务活动，根据意大利法律规定，而产生之纳税义务的方式，同时，也规定了信息交流程序和明确了此协定所涉及的对象。此协议将作为简化纳税格式，以满足那些居住在意大利的纳税人，但在梵帝冈银行存款而应缴纳的个人所得税。

## 12) 《与欧盟的货币协定》

在不同的背景下，近来也签署了另一项国际协定，且以间接的方式与《拉特朗条约》关联在一起。这就是 2009 年 12 月 17 日所签署的梵蒂冈城国与欧盟之间的《货币协定》，[191] 以替代先前与意大利共和国所签署的货币协定，并因欧盟的成立，而引进了欧元，[192] 作为梵蒂冈城国的官方货币。因此，与欧盟的这项协

---

*Sicurezza sociale tra la Santa Sede e la Repubblica italiana*, del 16 giugno 2000, in AAS 95 (2003) 849-861。

190 参：*Convenzione in materia Fiscale tra la Santa Sede e il governo della Repubblica italiana* del 1° aprile 2015, in AAS 108 (2016) 1263-1274。另参 J.I. Arrieta, *La messa a norma del sistema finanziario della Santa Sede*, in “Studi in onore di Carlo Gullo”, Città del Vaticano, 2017, 123-143。

191 *Convenzione Monetaria tra l'Unione Europea e lo Stato della Città del Vaticano*, del 17 dicembre 2009, in AAS 202 (2010) 60-65。另参：P. Cavana, *I rapporti tra lo Stato della Città del Vaticano, l'Italia e l'Unione europea tra continuità e innovazione*, in “Ephemerides iuris canonici” 55 (2015) 265-305。

192 参：*Convenzione Monetaria tra lo Stato della Città del Vaticano e per esso la Santa Sede e la Repubblica italiana, per conto della Comunità Europea*, del 29 dicembre 2000, in AAS 93 (2001) 750-756. In argomento vedi i vari contributi del volume *La convenzione monetaria tra Unione Europea e Vaticano*, E. Bani-P. Consorti (a cura di),

定取代了先前与意大利的《货币协定》，当时在 1929 年的拉特朗条约的基础上，梵蒂冈城国也使用意大利的里拉作为流通货币，所有与欧盟的货币协定也应该从这种背景下进行系统性的考量。这项新协定规定圣座应采取一系列体制性与法律性措施，以确保货币的流通和对货币的保护，随后的十几年圣座在结构上和立法上都进行了改革，尤其是在金融和刑法方面，所做的改革在制度上与发达国家几乎相当。

此外，“至于城国的飞地”，2023 年的新《基本法》授权城国主席可直接与外国组织建立关系，并签署必要的文书，以确保“与《拉特朗条约》第六条相关的各种供应、联络、捐助和公共服务”（基本法，6-4°），而无需圣座在国际关系事务上的相关授权。

Bologna, 2015。另参：Pontificia Commissione per lo S.C.V., *Legge monetaria* n. CCCLVII (con la quale lo Stato della Città del Vaticano adotta l'Euro come moneta ufficiale), del 26 luglio 2001, in AAS Suppl. 72 (2001) 57-58。

# 第三章
# 梵蒂冈城国的基本结构

## 1. 第一部《基本法》和 1929 年之后的结构演变

梵蒂冈城国的基本架构在它的《基本法》当中得到了很好的体现，其中指出了城国最高权力和公共职能的主体。自其成立至今，梵蒂冈城国共有过三部基本法，并拥有同样的称谓，虽然每部法律的准则与要求均有所不同，但构成城国的基本要素都无可避免地存在着一定的延续性。这三部基本法分别是 1929 年的第一部《梵蒂冈城国基本法》、2000 年的《梵蒂冈城国基本法》和现行的 2023 年的《梵蒂冈城国基本法》。

本章的主要目的是阐述现行的梵蒂冈宪法性法规和回顾自 1929 年以来所经历的变革。在下一章当中我们将着重探讨由《基本法》所规定之机关所履行的管理职务。

由帕切利(Pacelli)和卡梅奥(Cammeo)在 1929 年拟定的《基本法》共有 21 条规定，并将其作为第一号法案列为梵蒂冈法律的首位。之后的基本法在忽略法条数目的参照的同时，有意突出《基本法》在梵蒂冈法律体系中所具有的崇高地位。

1929 年的第一号法案确立了刚刚成立的梵蒂冈城国的结构，并明确了负责政府不同职能的机关，特别是它们与教宗主权的关系。这部法律也旨在确立国家主权的其它表现形式，甚至包括赦免权的行使、国家身份象征的确立(国旗与国徽)、与警力和安全的关系等，根据国家初期实践可理解的不稳定和需求，以及三十年代社会形式与语言，来表达这一切。

1929 年的第一部《基本法》在城国成立当时的背景下具有可

解释的远见。元首权力的首席地位得到了肯定，同时也将管理职务，根据 1917 年版法典 200 及后续法条为授权所规定的准则，以授权的方式授予其他主体。

当时的出发点是，城国主席的职务应由平信徒来担任，对于此则规定了应适时地授予其必要的立法权(参第五条)，最初那些年也实际上这样做了。此外，城国主席也有权颁布此等法规和管理条例，并接受国家总顾问咨议性的监督，而只有教宗才有权施以狭义的监督(参第八条)。城国主席也由教宗任命，并以代权的方式履行国家的管理职务，而国际关系则由罗马教宗通过国务院来维系(参第三条)。

1929 年的基本法所具有的两个独特之处因城国成立之初的情形而变得合理，但在后来颁布的《基本法》中逐渐消失或减弱。第一个独特之处就是第二条所做的保留，即关于城国与罗马教廷和圣座法院，以及其他机构——图书馆、档案馆、印刷厂、书店等——关系的法律将教宗排除在外。这些机构在接下来的那些年也经历了改变，有的是在城国范围内，而有的是在教廷内作出了改变，总之，最初是想将其与梵蒂冈城国的管理架构保持分离。

另一个独特之处就是 1929 年《基本法》第 9-14 条针对司法组织所作的详细规定。城国的司法组织也是以代权的方式行使职权，且是由混合法院行使的，有些是新设的法院，诸如城国法院，而有的则属于罗马教廷，诸如罗马圣轮法院以上诉法院的身份行事，宗座圣玺法院则是以最高法院的身份行事。随着 1932 年所做的一些修改和 1946 年颁布的梵蒂冈诉讼法，上述相关规定便得以克服和废除。

1932 年 12 月，第一部《基本法》由一部规范梵蒂冈城管理的法律得到了进一步的完善，这部新法由教宗庇约十一世颁布，目的是为了更好地确立政府结构，另外还包括一部由城国主席批准的规范城国各种办事处和服务的条例。[193]

在接下来的十几年中，对城国的行政机构进行了多项变革，因此最初的法律也为其它的法律所代替。慢慢地随着新需求的出现，也设立了新的机构，并对原来个机构的职能进行的重新分配，先前的惯例也得到了更新，而这一点很多时候并不是随即完成的。尤其是在将国家首脑的职能转移至其它机构时，既正确地需要区分立法权、行政权与司法权，还要以平衡而有效的方式建立与保持各机构之间的关系，在使 1929 年的《基本法》适应新时代的需求过程中，便突出了这种特征。

早在 1939 年，教宗庇约十二世便将其国家首脑的角色委托给了一个枢机委员会，藉以缩减《基本法》最初所赋予城国主席的权限。[194] 事实上，城国主席的职务，随着塞拉菲尼(Marchese Camillo Serafini)去世，自 1952 年之后便一直出缺，再无任何人担任此职务，直到 2000 年藉所颁布的新《基本法》将此职务废除。至于上述枢机委员会，直到 1961 年为止，一直是由三位枢机主教组成，随后增加至五位，然后是七位，后来教宗委托梵蒂冈城国主席办公室“以其名义，并代其”以集体的方式主持此委员会。最后，此委员会不得不既履行对城国的立法职务，也履行行政职务，而后者是通过一个教宗的特别代表和一位秘书来完成的。新职务的设立并未废除那些已经不复存在的职务，同时其相应权限也缺乏明确的规定，这便为后来所出现的权限冲突埋下了

---

193 参：Pio XI, Legge n. XXXII, del 1° dicembre 1932, *sull'ordinamento del Governatorato*, in AAS Suppl. 4 (1932) 21-25; Governatore dello S.C.V. Regolamento n. XXXIII, del 5 dicembre 1932, *per gli uffici e servizi del Governatorato* in AAS Suppl. 4 (1932) 26-45。

194 1939 年 3 月 20 日，国务院致城国主席的一封书函，告知对方要设立一个委员会：“圣父教宗欲设立一个枢机委员会，并又梵蒂冈城国主席以教宗之名及代他主持此委员会，与之相连的职务还包括对教宗夏宫冈道尔夫堡的自主经营”（参：W. Schulz, *Leggi e disposizioni usuali dello Stato della Città del Vaticano*, vol. I, Roma, 1981, 179）。

伏笔。

直到三十年之后，1969 年这个枢机委员会最终才藉着教宗保禄六世所颁布的《关于梵蒂冈城国政府》法案，[195] 而拥有了自己正式的章程，这部法案特别考虑到了先前的管理经验。根据这项法案，教宗“藉由枢机委员会——其成员由教宗每五年任命一次——来行使其立法权”（第 1 条）。由其中一位枢机担任此委员会的主席，并“由一位特别代表协助”，除委员会本身有相反规定外，此特别代表享有执行权，以及依法授予城国主席的其它职能。在出缺或受阻时，此特别代表将由城国主席办公室秘书长取代，但是，正如宗座年鉴(*Annuario Pontificio*)所揭示的，[196] 特别代表与秘书长这两种职务最初的等级地位后来被颠倒。

教宗保禄六世在 1968 年又为城国政府添加了另一个新的机关：事实上，在由《基本法》第 8 条赋予国家总顾问的职能基础上，教宗又设立了一个“梵蒂冈城咨议会”，作为具有咨询性质的最高集体机构，并由特别代表主持，以研究“极为重要而紧迫”的重大问题。[197] 然而，这个咨议会逐渐地远离了最初的目的，很快便成了一个纯形式性的组织，以接纳由教宗手谕《教宗府》(*Pontificalis Domus*)因改革教宗府而废除的贵族成员。[198]

教宗与梵蒂冈城国组织之间关系中另一项重要的变更就是 1984 年教宗若望保禄二世决定委任国务卿枢机“在梵蒂冈城国民事政府”中，以教宗的名义，并代表教宗，行使“国家世俗主权”

---

195 参：Paolo VI Legge n. LI, del 24 giugno 1969, *sul governo dello Stato della Città del Vaticano*, in AAS Suppl. 14 (1969) 29-32。

196 参：*Annuario Pontificio* 1970, 1090-1091。

197 参：Paolo VI, m. p. *Una struttura particolare*, del 28 marzo 1968, in AAS Suppl. 40 (1968) 1-4; 另参 *Annuario Pontificio* 1970, 1090-1091。

198 参：Paolo VI, m. p. *Pontificalis Domus*, del 28 marzo 1968, in AAS 60 (1968) 305-315。另参：G. M. Pinna, *Il riordinamento della corte pontificia*", in "Monitore ecclesiastico" 93, 1968, 279-285。

和履行与此相关的职责。[199]

因此，从那以后，之前一直由国务卿所担任的枢机委员会主席的职务便由另一位枢机担任。教宗致国务卿的书函中任命了这项职务。从其内容来看，有充足的理由证实这不仅仅是一项简单的“属人代权”，而是法典 132 中所说的“长期代权”，之后又可能将变成国务卿的“固定”职务。然而，在任命新的国务卿时，文件内容也并未更新，因此，主流意见便认为这是一项属人代权。

关于梵蒂冈法院，2020 年完成了对 1929 年《基本法》规定的最初体系的第四次重组，在此之前，教宗庇约十一世于 1932 年对其进行了基本的变更，然后 1946 年教宗庇约十二世，[200]和 1987 年教宗若望保禄二世都对其进行过改革，而若望保禄二世所颁布的《对公民的司法保护》[201](*Quo civium iura*)手谕设立了一个梵蒂冈城国教会法庭，并独立于在罗马教区的世俗法庭。[202]

这些年来，由于在日常管理工作和在适当而又明确地分配职

---

199 参：若望保禄二世，致国务卿卡萨罗尼(Agostino Casaroli)亲笔书函(*Le sollecitudini crescenti*)，1984 年 4 月 6 日, in AAS 76 (1984) 495-496。另参：G. L. Marrone, *Rileggendo il Chirografo del 1984*, in “Bollettino del Circolo di S. Pietro” 119, 1987, 33-40；G. Dalla Torre, *Vaticano (Stato della città del)*, in “Enciclopedia giuridica Treccani”, XXXII, Roma 1994, 1-13。

200 参：Pio XII, m. p. *Con la legge*, del 1° maggio 1946, in AAS 38 (1946) 170-172；另参：W. Schulz, *Leggi e disposizioni usuali dello Stato della Città del Vaticano*, vol. I, cit., 204-212。

201 参：若望保禄二世，《对公民的司法保护》手谕，1987 年 11 月 21 日，in AAS 79 (1987) 1353-1355。

202 事实上，在教会法案件中，法院之前是由罗马圣轮法院院长(每年一次)所任命的一名推事主持，此外，在财产案件中，则由初审法庭庭长和由其任命的另一位法官主持，在其它案件中，则由罗马代理主教所任命的两位法官主持(参：artt. 11-12 *Ordinamento giudiziario dello Stato della Città del Vaticano* del 1° maggio 1946, in W. Schulz, *Leggi e disposizioni usuali dello Stato della Città del Vaticano,* vol. I, cit., 208-209)，另参：G. Dalla Torre, *Vaticano (Stato della città del)*, cit., 3-4。

务中，尤其是枢机委员会主席职能与委员会本身的关系，以及秘书长与特别代表之间的关系所呈现出的困难，使行政工作变得更为灵活有效的必要性便变得日益迫切。事实上，1992 年 11 月 3 日宗座梵蒂冈城国委员会所颁布的法令，在这种意义上，起到了示范的作用，此法令认可了上述人事机构以此委员会的名义在此之前所颁布之所有法律文书的效力，同时，也准许这些机构在未来采用在过去没有相应许可时所完成的同样类型的措施。[203] 这是对过去行为的一种认可和对未来的一种普遍授权，同时，也显示出组织上的明显不足。

由于上世纪立法上的相续修正，1929 年《基本法》的大部分内容都被废除而不再有效，因此便必需对“宪法性的”法律进行全面的更新和对政府不同机构的法律地位做进一步的解释。

关于牧灵工作，自梵蒂冈城国建立之初，教宗庇约十一世便规定，梵蒂冈城虽然属于罗马教区，但拥有自己的宗教管理，因此，便藉着宗座宪章《自拉特朗条约》(*Ex Lateranensi pacto*)[204] 设立了梵蒂冈城代牧的职位，并在属灵事务上，对拉特朗宫和教宗夏宫冈道尔夫堡享有治权，但圣伯多禄大殿及公寓除外。[205] 此外，还设立了圣亚纳堂区，并委托给圣奥思定会管理，同时还设立了堂区办公室和梵蒂冈代牧区公署。1991 年，教宗若望保禄二世以其亲笔书函将城国的牧灵职务临时委托给了伯多禄大殿总铎，并以梵蒂冈城副主教的职衔履行牧职。[206]

---

203 参：宗座梵蒂冈城国委员会(Pontificia Commissione per lo S.C.V.)，Ordinanza N. CXCV del 12 novembre 1992, *circa gli atti emanati a suo nome dal Cardinale Presidente*, dal Segretario Generale e dal Delegato Speciale, in AAS Suppl. 63 (1992) 14。

204 参：Pio XI, cost. ap. *Ex Lateranensi pacto*, del 30 maggio 1929, in AAS 21 (1929) 309-311。

205 尽管梵蒂冈城代牧的治权仅限于属灵事务，但宗座年鉴系统地将 1987 年藉着《对公民的司法保护》手谕所设立的教会法院列为其下属。事实上，梵蒂冈城的法定治权直接是由国务院行使的。

206 在 2000 年的《基本法》颁布之前，宗座年鉴都是从梵蒂冈城代牧暂时的治权属于城国主席办公室和国务院，事实上，1991年所设立的教会法庭并不隶属于代牧，而是属于国务院。但是，最近则根据颁布的相关法律，将监督和保护未成年人和脆弱者的职责委托给梵蒂冈城代牧。[207] 将这项监督职务委托给城国的教会当局，而不是交给国务院，这种做法类似于一般由教区主教担任的职务。

## 2. 2000 年的《基本法》

直至 2023 年依然有效的 2000 年所颁布的《梵蒂冈城国基本法》[208] 基本上保持了旧法的结构，同时，也确立了国家元首与国家机构之间新的往来方式，使法律技术更加完善，并促进了圣座和罗马教廷在体制上的发展。[209]

2000 年所颁布的法案在其序言中所呈现得有如梵蒂冈城国的“基本法”。虽未进行编号，但明显地想突出其重要性，基本上也巩固了在此世纪对城国结构所进行的改革，同时，也增添了

---

的角度出发，介绍梵蒂冈城国的实体与机构(参 2000 年宗座年鉴，1459)。但从 2000 年之后，宗座年鉴便将梵蒂冈城代牧区介绍为与罗马教区不同的一部分，最后将其视为罗马代牧区。

207 参：教宗方济各，《关于保护未成年人和脆弱者之指导纲要》(*Linee guida per la protezione dei minori e delle persone vulnerabili*)，2019 年 3 月 26 日，in “*Communicationes*” 51, 2019, 47-53。

208 参：若望保禄二世，《梵蒂冈城国基本法》手谕，2000 年 11 月 26 日，in AAS Suppl. 71 (2000) 75-83。

209 有关《基本法》的法律性质，请参：G. Lo Castro, *La Legge fondamentale nella pubblicistica contemporanea*, in *Ius Ecclesiae*, 13, 2001, 303-310。有关取代旧法的理由，请参：C. Migliore, *I motivi per la revisione della legge fondamentale*, in “Ius Ecclesiae” 13, 2001, 293-301；G. Corbellini, *Il governo dello Stato della Città del Vaticano e la nuova Legge Fondamentale*, in “Apollinaris” 77, 2004, 623-665; J.I. Arrieta, *La nueva Ley Fundamental del Estado de la Ciudad del Vaticano y las sucesivas reformas del gobierno del Estado*, in “*Ius Canonicum*”, 82, 2001, 707-728; G. Dalla Torre, *La nuova Legge Fondamentale dello Stato della Città del Vaticano*, in “Archivio giuridico” 222, 2002, 27-44。

一些新意，几乎全面重塑了梵蒂冈城国的结构。

事实上，在与1929年的法律保持一致的同时，2000年的基本法一开始便声明了教宗作为国家元首享有圆满的立法权、行政权与司法权，只是这些权力以新的形式，并通过不同机构来行使。正如旧法，《基本法》第1§2项也对宗座出缺做了一定的规范，并规定在宗座出缺期间，梵蒂冈城国的权力应转移至枢机团。[210]

代表梵蒂冈城国的职务也保留于罗马教宗，同时，《基本法》第3条则规定，无论是建立外交关系，还是签订国际条约或协约，都需通过国务院来完成。而梵蒂冈城国主席则从结构上，以外在可见的方式，代表国家。因此，在与教宗的元首地位和国务院所担任的职务兼容的同时，城国主席也代表国家，并且可以将代表的职务委托给主席办公室的秘书长(参基本法，第8条)。

至于各机关之间的关系，特别是最高当局与国家机关之间的关系，2000年版《基本法》的新颖之处就是已从1929年《基本法》中的“委派”制过渡到享有职权的“副职”制，即天主教法典131§2中所涉及的概念，根据2008年的《渊源法》第1§1条，此概念也适用于此。换言之，之前的国家权力是由国家相应机关，以“委派”制而行使的，现如今则是作为教宗的“副职”，以“职权”的形式行使权力，但教宗的最高主权及其提审案件的权利保持不变。由此而产生的结果，根据教会法典138，将对如何解释城国各行政机关的权力范围产生重要的影响，现如今，作为“副职权”，应从广义上进行解释。

新《基本法》也更好地明确了立法权与行政权(或执行权)之间的关系，并将枢机委员会的权力限制在立法领域，然而，之前此委员会也享有执行权，[211]藉以对城国进行日常管理。2000年

---

210 参：若望保禄二世，《主的普世羊群》宗座宪章，23, 1996年2月22日，《宗座公报》88(1996)305-343。

211 参：Legge n. LI, del 24 giugno 1969, cit., art. 2。

新颁布的《基本法》则将执行权移交至枢机委员会主席(参第5§1条)，城国主席的职务也由委员会主席担任。因此，不只是城国主席的职务，而且特别代表的职务也都变成表面化的了，因为二者都遭到了废除。这两项职务的消失以更明确的方式凸显了主席办公室秘书长与副秘书长的职务对城国主席的从属关系。

2000年所颁布的《基本法》也指出了梵蒂冈城国各机关与国务院之间的体制性关系，而国务院"紧密地协助教宗履行其至高使命"(善牧，39)。所以在这种背景下国务院就成了教宗与梵蒂冈城政府机关之间信息往来的体制性通道，无论是将新法案文本或预算书呈送给教宗，还是在"重大事务"上施以干预(参基本法，第6条)，均发挥着这种作用。

总之，除了教宗无意自己为之——若自己为之，通常则以"手谕"的方式或授权他人为之——以外，立法权则由枢机委员会以集体的方式行使。但是，在批准任何法律之前，文本需经由国务院呈递给教宗，并征得其同意后，才可批准，但是，在紧急情况下，枢机委员会主席可颁布具有法律效力的法令，之后委员会应赋予其效力，将其转化为真正的法律(参基本法，第7§2条)。[212]

2000年版《基本法》为了克服先前之迟缓的另一个新颖之处就是枢机委员会主席所享有的执行权和为了落实法律和条例而颁布法令的法律能力。从法律上来说，他代表着梵蒂冈城国，并在秘书长与副秘书长，以及领导委员会(Consiglio dei Direttori)的协助下，对国家的服务机构——形成主席办公室构成要素的职务与机构——进行管理。

至于国家的预算案及决算案，法律规定应由主席办公室会计科在领导委员会的协助下进行准备和提交，然后交由枢机委员会

---

212 1929年的《基本法》，至少直到教宗庇约十二世设立委员会为止，曾规定罗马教宗可适时地将立法权授予城国主席，而主席应听取国家总顾问的意见。

审核批准。至于其它的指示，应通过国务院呈递至教宗，由教宗做最后指示。[213]

法律也涉及到了具有咨询职能的国家总顾问的职务，[214]然而，正如事实所证实的，后来这一形象逐渐丧失了其重要性，如此以来，这一职务便长期处于出缺状态。根据 1929 年的《基本法》，国家顾问直接从属于罗马教宗，而在批准预算案、颁布因授权而制定的法律、为司法判决颁赐恩惠，以及在其它同等重要的情况下，顾问的意见则具有约束性。然而，藉着 2000 年颁布的《基本法》，总顾问和其他顾问的角色更多地被视为在制定法律和其它重要的事务上，为国家主席提供技术支持。其中规定，可单个地对国家顾问进行咨询，也可集体地进行咨询，顾问们的会议应由总顾问主持，根据委员会主席的指示，他们也有代表国家的职能(参基本法，第 13 条)。所有顾问一起并不形成梵蒂冈城国特别的集体性机构，事实上，在 2000 年版的《基本法》中并未涉及由保禄六世在 1968 年设立的“国家顾问”这种职务，[215]以致于可能会使人认为该职务被新法废除了。

最后，司法权则以副职的方式(参法典 131§2)委托给了梵蒂冈城国民事与教会法庭，以教宗的名义进行审判。就此问题，2000 年的《基本法》只是指出了司法组织的基本框架，虽然没用 1929 年《基本法》规定得那么详细，但是推迟了规范城国司法体制之法律的生效期。有关劳务关系上的争诉，则由圣座劳动局管辖。[216]《基本法》第 16 条提到了教宗提审的权力，第 19 条则规定惟有

---

213 参：art. 10, b *Statuto della Segreteria per l'Economia*, il 22 febbraio 2014; in "*Communicationes*" 47, 2015, 32-39。

214 参：F. Cammeo, *L'ordinamento giuridico...*, cit., 124-128。

215 参：保禄六世，《特殊机构》（*Una struttura particolare*）手谕。

216 参：本笃十六世，《宗座劳动局新章程的颁布》手谕（*di promulgazione del nuovo Statuto dell'Ufficio del Lavoro della Sede Apostolica*），2009 年 7 月 7 日，《宗座公报》101(2009)712-726；2016 年 6 月 16 日和 2016 年 11 月 28 日，教宗藉接见时所给予的“覆文”对其进行了个别地修订。

教宗享有“赐予赦免、大赦、免除和恩惠的权力”。最后，第 20 条与旧法一样，确立了梵蒂冈城国身份的象征：国旗、国徽和国玺。

然而，在 2000 年的《基本法》中并未涉及国民的法律地位，及其民事、社会和经济权利，这也是城国独特架构的必然结果，不过这些因素则是每个国家宪法中不可或缺的内容。该法主要涉及城国政府的结构，但是在梵蒂冈法律体系中的其他一般的法律中会找到宪法通常包括的基本内容，诸如公正诉讼权、疑罪从无原则、引渡要求等。

2000 年颁布了《基本法》之后，2002 年 7 月 16 日，教宗又藉手谕颁布了一部关于梵蒂冈城国政府的法律，以取代 1969 年所颁布的相关法律；2002 年这部法律的有效期一直持续到 2019 年 6 月 7 日，然后又被新的“有关梵蒂冈城国政府”第 274 号法案所取代。

## 3. 2023 年的《基本法》

2000 年的《基本法》因着教宗方济各于 2023 年以一道手谕而颁布的法律所取代，[217] 应将该行为置于对梵蒂冈法律体系的改革，以及对圣座的改革背景下来考虑，这次的改革早在十五年之前便已进行了多次考量。面对这些年的国际形势，圣座有意在与各国保持步调一致的同时，以自己的信仰信息临现于国际社会，并承担起相应责任，于是便将罗马教廷的教会领域与梵蒂冈城国的国家领域分离开来。这样的结果便促成了新《基本法》的出现，在这部宪法性的法律中也澄清了因这些年所进行的改革而造成的各种矛盾。

217 参：教宗方济各，《梵蒂冈城国基本法》，2023 年 5 月 13 日，见《罗马观察报》，2023 年 5 月 13 日；以及 in “*Communicationes*” 55, 2023, 70-77。

概括地说，新的《基本法》共有二十四条内容，并从技术上改善了 2000 年的《基本法》，因着立法者对旧法所采取的不同适应措施，而对旧法也补充了各种的创新。

### 3.1 梵蒂冈城国的工具性

根据上述所言，2023 年的《基本法》根据子城国成立之初便已存在的准则来理解梵蒂冈城国的性质及其政府机构的性质。所以我们也将从这种角度来理解该法的作用。

正如在上一章所言，从技术上来说，梵蒂冈城国是以一个国家的组织形式成立的，并拥有相应的法律工具，只是它存在的目的有所不同，一切运作只为确保“圣座绝对而可见的独立，以在世上履行其至高使命”(2023 年《基本法》，第二条第一项)。

即使在意大利统一时最为艰难的时期——当时的教会学概念与梵二所提出的共融观念简直风牛马不相及——哪怕作为假设，圣座也从未放弃强调教宗的世俗权力相对其作为伯多禄继承人在教会中所扮演的角色而言，所拥有的基本特征或补充性作用。因此应从新的《基本法》前言中重申罗马教宗根据“伯多禄职务”(*munus petrino*)而对梵蒂冈城国行使最高主权的这种角度，来理解其中所使用的术语。

应该将这种重申理解为对一项事实的历史确证，虽然这种说辞有些陈旧，甚至夸大，但若将这具有纯工具性特征的城国正确地置于其背景下审视的话，这种重申则是完全正确的，因为这一独特的城国只是为了确保教会首席职务的独立自主。

### 3.2 权力的圆满便是城国的法律形式

新法第一条完全复制了之前两部《基本法》的内容，一开始便肯定了教宗在立法、行政和司法领域管理权的圆满性。由此出发，法律便明确了以副职的方式——而不是以 1929 年旧法中的代权形式——分别行使这三项管理职务的主体。

如此，新法便为城国履行上述三项管理职务的相关机构带来了概念上的创新(虽然在实践上的作用并不大)，同时依然将管理权的本有名义保留给了教宗。

在圣座出缺期间，由枢机团来行使城国的权力，在必要而迫切的情况下，有权颁布法规，其效力仅限于出缺期间，但新当选的教宗对其给予批准的情况除外。有关“枢机团”的规定——其中只有部分成员能够参加选举教宗的枢秘会议——会导致一个问题：在有选举权的枢机依法与枢机团其他成员隔离期间，如何落实这项传统的规定。

至于教宗所享有的圆满权力，有些学者——其中包括卡梅奥(Cammeo)——得出结论说，梵蒂冈城国的形式对应着“君主专制”的类型；这种分类除了使人产生一些负面的观念之外，事实上也不能反映出教会的真相和教会本有的管理形式。

梵蒂冈城国并不是一个传统意义上的国家，因此便不能用在世俗社会中定性一个国家时所惯用的准则来判断它，因为梵蒂冈城国并不具备这种分类作为标准所参考的因素，它的国家形式完全是工具性的。

一方面，权力集中于教宗之手与作为管理方式的国家专制的事实不符，而反映出了一个简单的事实：教宗是城国的唯一政治主体，进而也需要他整个的人完全集中于管理权。所以便可得出荒唐的结果：因同样的理由也可以说这是一个“完全民主”的国家，因为管理行为完全反映了该国政治主体的意志。

然而，也有其他的理由说明并不能说这是“专制”权力。正如托雷教授(Dalla Torre)曾指出，从概念上来说，专制权力极具特点的因素就是元首不受法律限制，但是对教宗来说，这是不可能的，因为他必需受神律和教会法节制，这就意味着凡是相反这类高等秩序的法律事实上均是无效的。

之所以不能说这是专制权力的另一项理由就是这种权力相对伯多禄继承人所履行的主教职务所具有的从属性，正如委托给主教的其他职务，这项职务应根据集体性和在共融中履行，这也是梵二所教导的。事实上，教宗在梵蒂冈城国所行使的最高主权并不是对其主教职务的“补充”，相对其主教性主要角色而言，它是职能性和辅助性的，其工作以主教团为基础。

### 3.3 治权的行使范围

新《基本法》的另一项创新就是特别指出了，根据《拉特朗条约》第三和第十五条，城国权力有效行使的领土范围。

首先，正如《拉特朗条约》第三条所指，梵蒂冈城国可以在梵蒂冈领土内行使其圆满的主权。其次，根据条约第十五条的规定，城国的各机关可以在享有国际法承认之豁免权，并在《拉特朗条约》明确指出的区域和不动产内，行使其所拥有的权力。

与梵蒂冈领土不同，上述所言之不动产或区域并不是城国的领土，其所有权属于圣座，虽然如此，城国当局根据与意大利当局所达成的协议，并按照协议所规定的方式，可以在这些地方主张自己的权力。

虽然《基本法》中并未言明，但梵蒂冈的行政法也可以在《拉特朗条约》第十四至十六条所指明的属于圣座所有的其他不动产内实施，但对其不能主张梵蒂冈城国的权力。

### 3.4 自主管理和直接主权

另一个突显立法者修改旧法选择的新颖之处就是在城国机关与元首之间建立的直接性，并纠正了国务院所扮演的传统中介作用。虽然从根本上来说，理由不止于此，但如此也突出了尽可能地使罗马教廷的机构与梵蒂冈城国的机关保持分离，并直接地将城国的管理行为与罗马教宗连系起来的目的。

如果注意到在颁布 2000 年的《基本法》时由教宗若望保禄

二世于 1984 年 4 月写给当时担任国务卿的卡萨罗利枢机(Card. Casaroli)的亲笔书函的话，愿景的变化便显而易见。该书函指出教宗与城国的关系发生了改变，而这种改变一直持续到今天。在这个机会上，教宗表达了以固定的方式将有关城国管理的一切职务都委托给国务卿的意愿，并希望自己完全致力于对普世教会履行伯多禄职务。如此以来便赋予了国务院一项特殊的领导职务，而如今教宗有意对其进行再次变更。这次的修改主要表现为两点，接下来我们会逐一阐述，而这两点分别是：对外实体的关系和取消了国务院的预防性监督。

### 3.5　国际关系

国务院继续以教宗的名义，在外交关系和签署协议的事务上，履行代表城国的职务(参基本法，6)。这项总的原则自 1929 年的第一部《基本法》开始便一直保持，而在重申该项原则的同时，现行的《基本法》进一步明确出，在其他的情况下，代表城国的职务则由城国主席为之，这一点在此之前并不确定，而且这项规定至少带来了两个明确结果。

首先，规定了城国执政当局有必要参与国际事务，而圣座也会藉着梵蒂冈城国参与其中。当然，应将这项规定置于由国务院履行代表城国职务这项总原则之内来落实，因此城国执政当局的参与不应违反该项总原则。所以为了使城国执政当局切实有效地参与到相关事务中，正如法律所要求的，便需要执政当局与圣座国务院保持协调一致。

确认城国主席代表职务的第二个结果便是城国各机关享有明确而一般的自由，梵蒂冈城国领土及其飞地虽然狭小，但相应机关可自由而直接地与外国实体签署为确保在梵蒂冈城内的“各种供应、联络、捐助和公共服务而必需的文书”(基本法，6-4°)，并参照《拉特朗条约》第六条的规定。

这是一项适应城国执政当局管理要求与其在城国范围内行

政专业化的特权，其一般的职责现如今已在《基本法》第 19 条第二项当中得到明确，而该特权不应对国务院所开展的国际活动造成阻碍，执政当局主要地是与意大利各种实体建立关系。这项权力的表述是以极为普通的言词表达出来的，因此可能会在关于由国务院签署国际条约与城国主席签订国际协议(参基本法，6-1°)之间的客观界限的问题上造成疑惑。事实上，可以问若通过这些必要的文书，在未来是否可能会签订类似在签订了《拉特朗条约》之后那些年为了扩充其中第六条内容所签署的协议，还是以“普通照会”的形式来表达。对于未知事务，则应由法律经验来解决。

## 3.6 对城国主席职务的预防性监督

与旧法不同的另一项较为重要的元素就是废除了至今为止由国务院在城国主席管理职务中，在梵蒂冈城国与最高元首之间所担任的中介角色。在 2000 年的《基本法》当中，城国的立法、预算案，特别是重大的事务均应交由国务院审核与监督，旧法的第六条这样规定：“在重大事务上，应与国务院协调一致”。

事实上，自城国成立之初便一直奉行这项准则，现如今对其进行了修改，以促进城国各机关与元首教宗之间的直接连系。具体而言，现今的《基本法》确定了与教宗的直接关系，而不再需要国务院的干预，主要表现为以下三点：1) 在拟定城国法律时，在由宗座委员会核准后，在发布之前直接交由教宗批准(参基本法，10-2°)；2) 预算案直接交由教宗核准(参基本法，13-1°)；3) 最为普遍的就是，对于重大事务的裁决，若宗座委员会的意见不充分，可直接交由教宗裁决(参基本法，15-3°)。然而，在之前，这些重大事务应由国务院审核，然后再与教宗会谈，最后才将最后答复通报给城国的相关机构。

## 3.7 城国团体

新《基本法》的另一个创新就是在其中第五条论到了城国的

“团体”。根据法律的规定，这个团体首先是由国民和根据 2011 年 2 月 22 日的第 131 号法案即《拉特朗条约》第 9-10 条所规定的居民组成。现今的法律又补充上了组成该团体的第三类人，即那些“以教会精神，为城国和为圣座，固定地开展其服务工作”(基本法，5)的圣座员工。

之所以提到城国团体，很可能是因为有意凸显出在这个特殊的国家也不乏有团体存在。事实上，将梵蒂冈制裁性和刑事性的一些法律效力延伸至服务于圣座的员工，也使将这些员工，连同城国国民和居民都归为城国团体的做法变得合理。

然而，城国团体除了涵盖梵蒂冈城国本身之外，也包括那些在圣座机构——而不是城国机关——内工作，无论是在教廷，还是在与圣座相连或之间隶属宗座的机构工作的人员。

总之，无论从教会法角度来说，还是从民法角度来说，在新法中对该团体的涉及并不产生特别的法律后果。对教会法而言，该团体并不具备创造习惯法的能力；《基本法》中也并不包含该团体成员的任何权利。

### 3.8 管理和监督制度的专业化

新《基本法》的另一个新颖点就是有意标示出在罗马教廷内负责财政计划与监督的机关与在梵蒂冈城国内担任同样职责之机构之间的差别与二者之间的分离。

正如在接下来的章节中所看到的，虽然从体制上来说，所涉及的是两种不同的组织机构，但是无可避免的是二者之间在不同领域总是遵从同样的法律：劳务法、对服务部门的运用、公共贸易法和招标法，以及最近的，在特定刑事事务和劳务事务上，都遵从梵蒂冈法院的治权。

在体制领域，这种共享也得到了确认。诚然，在 2013 年藉着《忠信而明智的管家》(*Fidelis dispensator et prudens*)手谕，在罗马教廷内设立了三个新的财政计划与监督部门，最初仅是将其职责扩展至城国的相关管理机构以及以某种方式隶属于圣座的其他机构。但这一举措引发了不同问题和尚未完全解决的职务重叠。促成这种治权延伸的实用性与措施统筹等原因，与对城国组织机构体制性的需求保持最大的敏感和相对圣座机关保持最大自主的准则相悖。

最大的问题似乎是关于由《忠信而明智的管家》手谕第一条委托经济委员会对一切以任何方式与圣座相连的实体，无一例外地施以经济监督，而经济秘书处与审计局，在各自的职务中，也具有同样的权限。

2015 年 7 月，上述三个新机构的章程以试行的方式获得了批准，从那以后，只有审计局的章程在 2019 年得到了修订和变更。所以于 2015 年所制定的章程便与在制度明朗化的整体过程中后续的一些法规产生了冲突，而这个制度明朗化旨在修正这种规定，特别是藉着 2018 年关于在核准梵蒂冈城国预算案和决算案时应遵从的程序而有关城国政府的第 274 号法案所做的修正：根据经济委员会的章程，该委员会应向教宗通报城国执政当局的预算，并将预算案呈递给教宗核准；而关于城国政府的法案则指出该呈报工作应由城国主席直接呈递给教宗。

同样，关于梵蒂冈城国自主的其他细节现在也得到了规范或拥有了自己的法律。首先，类似于在其他国家那样，首次规定了应每年批准一项根据公账的一般规则和三年一次的财政计划而制定的财政法(参基本法，13)，这些规则和计划都是在宗座委员会的主持下完成的，然后直接交由教宗批准。

针对监督的效果，根据相对教廷机构而享有的自主，法律还规定要设立一个由宗座委员会任命，并隶属该委员会的报告团，负责监督与核算城国的预算案(参基本法，14)。

实际上，无论是经济委员会，还是经济秘书处的角色在未来仍会得以保留，在特别法中对全部的公共贸易的监督仍保留给它们。同样，经济委员会似乎也得检察梵蒂冈城国与圣座的财政管理，但城国机关仍享有其应有的自主权。

至于审计局，问题则有所不同，2019 年的新章程很大程度上考虑到了这些年圣座内部的复杂改革。尤其是自 2023 年 4 月 26 日《接见时的覆文》——该覆文确认了新章程赋予审计局的职责——之后，在反腐败的工作上，并未相应地体现出《你们去宣讲福音》宪章的价值。总之，审计局在梵蒂冈城国内也行使其章程所赋予的职责。

## 3.9 管理的职务

在重申了教宗所享有之权力的圆满性之后，《基本法》分别在三个章节中阐述了管理中三项职务的各自领衔主体，这是我们下一章将要论述的主题。现在我们仅限于指出新的基本法相对旧法所做的变更。

立法职——除教宗保留或授权他人外——由宗座委员会担任，该委员会由教宗任命的枢机和其他成员组成，任期五年。相对旧法而言，新《基本法》的一个新颖之处就是上述委员会不应仅由枢机组成，这就可以假设平信徒同样也可以成为其成员。关于实行立法工作的方式和开展财政法的方式，现如今也得到了更好的确定。此外，新《基本法》也将正确而真实解释城国法律的职责赋予了宗座委员会(参基本法，10-3°)。关于立法职能的其他问题我们将在下一章进行阐述。

新《基本法》与 2000 年的旧法一样，将执行职(或行政职)委托给了宗座委员会的主席，并由城国政府的其他机关给予协助：秘书长和副秘书长。

现在的法律强调，“确保配给、基础设施、服务和供应”完全是梵蒂冈城国的职责，城国执政当局应提供各种公共服务，这也合理地解释了城国各机关为了能够提供这些供应可直接与外国机构之间连系所享有的自由(参基本法，18)。新《基本法》是第十九条就此列出了构成所谓公共服务的事务清单，并与现实中由城国执政当局组织的不同部门相对应，这些事务包括：安全、卫生、经济、基础设施、文化财产等。

此外，新《基本法》的第 21-22 条涉及的是司法职，除了后续因实际经验而做的修改外，完全援引了 2020 年的第 351 号法案。现在司法工作应遵从的原则是“在任何诉讼中，都要确保法官的公正、辩护权和双方对质”(基本法，21-4°)。

在新《基本法》中，除了已经探讨的机构外，还提到了“法律为特别事务赋予权限的其他机构”，但并未明确指出所涉及的是哪些机构。很可能是将由劳动局(Ufficio del Lavoro)所完成了一些非司法性事务纳入其中的一种方式，事实上，在新《基本法》中并未像旧法那样提到了这个部门。

最后，针对有关法律渊源的第七十一号法案，需要强调的是《基本法》针对法官所提出的指导方针，因为在执行法律时，法官应秉持公平原则，为恢复正义和促进双方和解而工作(参基本法，21-3°)。在刑事案件中，新《基本法》告诫说，刑事处罚的目的是“使有罪者恢复权利，重新融入和修复所违反的法律秩序”。但是，针对这些原则，因最近修订的法典 1311 的要求，还需要补充上赔偿所造成的损失和弥补恶表。

通常而言，元首也有权颁赐赦免、大赦、豁免和恩赐，针对这些，现在又特别补充上了变更刑罚的权力(参基本法，21)。

## 3.10 咨议职能

相对 2000 年的旧法，新《基本法》还有一项创新就是更加关注咨询职能，这项职能虽在很长时间中遭到了忽略，但自 1929 年的第一部基本法便发挥着重要作用。

新《基本法》明确地规定应由罗马教宗任命一位国家总顾问和其他顾问，任期五年。作为另一项创新，新法也确认了顾问形成一个顾问团，顾问的工作根据情形要求，可以单独地开展，也可集体地进行。

国家顾问团的工作主要有：1) 拟定法律草案；2) 针对无需宗座委员会真实解释的法律疑问，颁发意见书；3) 针对其他法律文书或执行令提供意见。根据情况需要，顾问团也有权以声明或解释性注释的形式，针对相关问题，提供其服务。

# 第四章
# 梵蒂冈城国管理职务的实施

## 1. 梵蒂冈城国立法权的行使

2023 年的《基本法》承认教宗在梵蒂冈城国享有圆满的权力，同时也将管理的职务委托给不同的机关履行，即：立法职、行政职和司法职。具体而言，关于立法权的行使，新《基本法》相对旧法而言，有了显著的创新。

《基本法》第七条指出："立法职由宗座梵蒂冈城国委员会行使，但教宗欲保留给自己的情况除外"。新法不像旧法那样，并未规定教宗可将立法职委托给其他机构行使，但是从原则上来说，即使没有具体的法律规定，也不妨碍教宗这样做。

将立法的职责委托给宗座委员会是体制在时间内演变的成果：事实上，最初规定由城国主席藉着教宗适时的授权来履行这项职务。2000 年的《基本法》只是笼统地提到了该组织，[218] 但是藉着 2001 年颁布的本有条例，才确定了它这个"宗座梵蒂冈城国委员会"现有的名称(参 2000 年基本法，3；宗座委员会本有条例，1-1°)。正如上述所言，教宗若望保禄二世在 1984 年任命国务卿以其名义履行(梵蒂冈城国)国家元首的职务，并将委员会主席的职务授予了担任城国主席的枢机。

### 1.1 宗座委员会的组成与工作

相对之前的传统而言，宗座委员会的架构也发生了改变。与之前一样，法律上并未明确委员会成员的数目，但根据元首(即

---

[218] 参：C. Cardia, *La nuova Legge fondamentale dello Stato della Città del Vaticano. Il rapporto tra potestà legislativa e potestà esecutiva*, in "*Ius Ecclesiae*"13, 2001, 311-346。

教宗)的判断，成员人数可随时改变，成员任期五年，并由元首从中指定一位担任主席。在旧法中，委员会完全是由枢机组成，然而，现在 2023 年的《基本法》第八条则规定，也可任命其他圣职人员或平信徒作为该委员会的成员。

宗座委员会依法律规定(参基本法，9)，并根据本有条例(参基本法，9-3°)——该条例由该委员会批准，并藉着委员会主席的法令于 2001 年 7 月颁布——行使其权力。[219] 此条例的内容基本上仅限于系统地陈列了已包括在 2000 年版《基本法》中的相关法律规定，而未增添其它的重要元素。2023 年的《基本法》针对委员会的运作有了更详细的规定。

宗座委员会在主席的召集下召开会议，召集会议的通知应在有效时间内，以书面形式发布，且应附有会议召开的日程安排和有关议题。若主席出缺或受阻，则由成员中年长之枢机主持会议(参基本法，8-2°)。会议应由大多数成员出席方可有效。主席办公室秘书长与副秘书长也应出席，但二者并不是委员会正式“成员”，且仅有咨询权。此外，也可适时地召集城国其他机构的成员和罗马教廷相关机构或其他专家参加会议(参基本法，9-2°)。在听取委员会意见后，主席应任命一位书记员，撰写会议记录，在最终通过前，应由委员会成员审核，然后由主席和书记员签字。

如若需要在决定中表达集体意愿，根据教会法典 119 的规定，委员会应由绝对多数成员出席方可有效。在两次投票无结果时，主席若认为适宜，根据宗座委员会条例第 5§2 条，以自己的投票做出决定。

---

219 参：Presidente della Pontificia Commissione per lo S.C.V., Decreto n. CCCLVIII, del 26 luglio 2001 con il quale è promulgato il *Regolamento della Pontificia Commissione per lo S.C.V.*, in AAS Suppl. 72 (2001) 63-67。另参：J.I. Arreita, *Il governo dello Stato della Città del Vaticano. Alcune norme recenti*, in “Ius Ecclesiae” 14, 2002, 865-875。

## 1.2 宗座委员会的职能

首先，委员会是以长期且集体的方式行使国家立法职能和核准法律和其他法规的机关(参基本法，10-1°)，但罗马教宗在个别情况下将该职务保留于自己者除外(参基本法，7)。经验表明教宗以“手谕”的方式行使最高立法权时，意在藉自己的权威强调所制定之法律的特别重要性，通常也有意使梵蒂冈城国的法律在圣座的一般领域具有约束力。

至于立法工作和法律与条例的筹备工作，宗座委员会本有条例的第 4 条则指出了一项原则性的程序，但可根据情况作出适当适应，尤其是由委员会之外所提出的举措。第 4§1 条则承认，无论是主席，还是委员会其他成员，都享有主动立法权，在委员会中所提出的议案一旦获得批准，立法的筹备工作便委托给城国主席办公室，并由国家顾问和其他专家提供协助(参基本法，10-1°)。然后，主席将最终文本交与委员会，在审核和批准文本后，便通过国务院将其呈送给教宗进行核准，最后以宗座委员会的名义在《宗座公报》上颁布(参基本法，10-2°)。

此外，在立法事务上，宗座委员会还拥有两项特别的职责。第一项就是对城国的法律给予真实而正确的解释(参基本法，10-3°)。第二项职责就是可以在那些不要求正式法律的事务上颁布一般条例，或对那些在法律上已经确立了原则，但需要进一步的规章制度的事务进行规范(参基本法，10-4°)。

宗座委员会的第二项独特的职能就是对梵蒂冈城国的财政法、预算案和决算案，以及三年一次的财政计划进行年度裁决。相关措施由国库管理部根据会计公共法则拟定，决定后直接呈递给教宗核准。[220] 正如卡梅奥(Cammeo)所言，对梵蒂冈城国而言，

[220] 这样的规定原本与《忠信而明智的管家》手谕相冲突，因为该手谕规定，由经济委员会根据该手谕及其章程，对城国执政当局的管理机构和工作施以监督，并将梵蒂冈城国的年度预算和决算案，在经济秘书处审核后，呈递给教宗核准(参经济秘书处章程，10；该章

“预算案基本的作用就是限制国家行政机关的工作，尤其是主管安排费用或对此有责的机关，以及执行结算和发放工资的部门；而决算案的特征则是核查上述机关的工作，以确证其责任或为其辩护”。[221] 2023 年的《基本法》明确指出：“预算案应确保收入与支出的平衡，并以明确、透明和准确为原则”(基本法，13-2°)。

最后，宗座委员会的第三项职能则具有咨询性质，在主席的请求下，应对与执行职的行使相关，但无需直接呈递给教宗考虑的重要问题(参基本法，15-3°)表达意见。梵蒂冈法律还规定了如若需要在城国的组织结构中引进某些固定的组织性变更，惟在此情况下，委员会方可干预。相反，在其它情况下，应由主席具体判断所涉事务是否应与委员会进行商讨，所得出的意见有何种效力。

然而，在“迫切需要”的情况下，主席根据《基本法》第 7-2° 条的规定，可利用特权颁布具有法律效力的法令。但是，此法令应在九十日之内交由委员会认可而产生效力，否则，便不具追溯效力。[222] 应由主席判断情况是否“迫切需要”，并将情况汇报给委员会。在此等情况之外，主席也可发布执行法律或条例的指令。

## 2. 咨议职能与城国顾问团

2023 年的《基本法》还有一项重要的创新就是从不同层面特别注重梵蒂冈城国的咨议职能。

---

程由教宗方济各于 2014 年 2 月 22 日核准，见“*Communicationes*” 47, 2015, 32-39)。最近藉着《慈父的勤勉》手谕(*La diligenza del buon padre*：2020 年 5 月 19 日，in “*Communicationes*” 52, 2020, 21-71)颁布的关于公共买办的透明、监督与竞标的法规第 20§6 条则强调，“采购的总计划”应与城国预算案一致，并按照《基本法》第 11 和 12 条所规定的方式进行筹备与核准。此外，根据《你们去宣讲福音》宪章，在经济事务中，经济秘书处现在扮演着教宗秘书的角色。

221 参：F. Cammeo, *L’ordinamento giuridico...*, cit., 106。

222 参：G. Dalla Torre，*Lezioni di diritto vaticano*, Torino 2019, 87。

正如上述已经提到，1929 年《基本法》的第八条自一开始便涉及到了城国总顾问的职务，这是一个单人性的咨议机构。卡梅奥将其视为荣誉性的代理职，其惯常性的职业并不构成一项职务，因此也并不是狭义的梵蒂冈员工。这项职务是在罗马教宗的同意下履行的，由教宗任命，也可由教宗罢免，直接且仅隶属教宗，并对教宗负责。当教宗或城国主席要求时，总顾问应表达其意见；法律要求时，也应提供建议。具体而言，在城国主席授权颁布任何法规(法律、条例等)，以及在将城国预算案与决算案呈递给教宗核准时，其意见具有警示性(参 1929 年基本法，4)。

根据卡梅奥，“国家总顾问的意见涵盖由其负责的全部事务。因此无论从合法性角度，还是从其本职工作角度来说，他都应表达其观点，即使出现技术性问题，也当如此。在国家内不存在其他咨询机构时，便不应限制总顾问的咨询范畴。如有必要，他也可以启用其他专家”。[223]

虽然在很长时间内，顾问的角色并未得到充分的重视，但现行的《基本法》，随着近些年的发展，特别注重国家总顾问和其他顾问的角色，甚至强调顾问们集体工作的作用。

## 3. 执行职与梵蒂冈城国政府

2018 年 11 月 25 日所颁布，并在 2019 年 6 月 7 日开始生效的《关于梵蒂冈城国政府》新法案，[224] 在其前几条中便从法律上明确了城国主席职的概念，并指出了依法履行此职务的主体和秘书长的角色，而秘书长作为城国主席办公室职员，有别于领导职务或职位。

223 参：F. Cammeo, *L'ordinamento giuridico...*, cit., 125。
224 参：教宗方济各，《关于梵蒂冈城国政府的第 274 号法案》手谕，2018 年 11 月 25 日，in AAS Suppl. 89 (2018) 221-236, anche in CNV B2。

## 3.1 2018年的《关于梵蒂冈城国政府》法案概况

《关于梵蒂冈城国政府》的新法案是在教宗方济各对圣座机构进行改革的背景下出现的。[225]事实上，正如教宗的其它举措，对城国行政管理机构的改革是与罗马教廷的改革同步进行的。该法案是在教宗写给城国主席的一封亲笔书函的基础上完成的，藉此书函，教宗赋予城国主席"为拟定一部关于梵蒂冈城国政府的新法案及与城国行政机构运作相关的条例，所需要的一切权力与资质"。[226]

关于城国政府的新法案开篇便言明是受到"职能性、透明、依法和组织灵活性等原则"的启发而制定的，因此努力以合理化、实惠性和简化的原则呈现这些法规。[227]但是，相对旧法而言，新法案也突出了在组织性与职能性的改变：特别是，新法突出了主席办公室、主席和秘书长与副秘书长这三个"政府机关"对整个组织结构的领导作用，以及秘书长在管理上的核心作用；同时，通过多种形式的重组与取消，将旧法中的九个领导部门缩减为七个部门，而将五个核心办公室削减为两个。

---

225 参：Francesco, Chirografo *Tra i suggerimenti*, del 28 settembre 2013, in AAS 105 (2013) 875-876。事实上，城国主席自一开始便被列入教宗方济各当选后所设立的枢机委员会当中，此委员会的目的便是协助教宗对圣座机构的改革。

226 教宗方济各，致城国主席亲笔书函，2017年2月22日。

227 正如在颁布新法时所公布的《解释性说明》所指出的，新法是在2015年10月城国主席所设立"咨议团"（Gruppo consultivo）做出议案时开始制定的，这个咨议团的目的就是提供意见和建议，以改革城国政府的机构，并为修订 2002 年所颁布的政府法做准备。参：*Nota esplicativa della Presidenza del Governatorato sulla Nuova Legge sul governo dello Stato della Città del Vaticano*, "del 7 dicembre 2018, in "*Communicationes*" 50, 2018, 502-508。关于新大的理由与编订，请参：V. Buonomo, *Annotazioni sulla nuova legge sul governo dello Stato della Città del Vaticano*, in *Ius Ecclesiae* 31, 2019, 647-660; A. Sarais, *Nuova legge sul Governo dello Stato della Città del Vaticano. Prime osservazioni*, in *Archivio giuridico*, 2019, 601-642。

上述法律在介绍梵蒂冈城国政府组织结构时所采用的概念，相对旧法而言，也有所进步：第一题概述了狭义上的主席职务的组织结构和三个“政府机关”的职能；第二题提到了主席办公室的唯一咨询机构：领导委员会；第三题则论述了“业务机构”，即七个领导部门和两个核心办公室，第四题则论述了上述各部门与办公室的相应职权。第五题与第六题分别论述了“学术机构”与“辅助机构”。指导运作、人事组织和经济活动的方针则保留于第八题，而关于行政措施的特别纪律也由第八题来论述。最后，第九题则包括一些总结性的规定。

2018 年关于梵蒂冈城国政府的第 274 号法案的完整概要基本上也由 2023 年的《基本法》将其包括在第 15-20 条当中。

### 3.2 主席办公室：概念与职能[228]

《基本法》在提到主席办公室时，是指该办公室“根据法律和法规的规定……行使国家体制的本有职能”(基本法，2-3°)。《政府法》第 1§1 条——旧法并未提到这一点——则明确指出，此机构的职务是行使“政府的权力与职能，以确保圣座绝对与可见的独立，在国际领域，也确保罗马教宗的普世牧灵使命”。

《政府法》第 1§2 条则明确了政府权力的类型和辖区范围：“主席办公室是由政府机关和参与梵蒂冈城国执行权机构的整体而组成，权力的行使范围即为《拉特朗条约》第 15 和 16 条所规定的领域，及其具有特别法律地位的领域”。

所以，主席办公室可理解为以确保圣座可见性与客观独立，并在梵蒂冈城国本有领土内行使梵蒂冈城国执行权之机构的综合。为此，主席办公室应为城国内的公共服务提供保障(参基本法，6-4°)，换言之，“为城国与圣座所需……确保配给、基础设施、服务和供应”(基本法，18-1°)，以及“为城国与圣座各机构

228 参：G. Corbellini, *Governatorato dello Stato della Città del Vaticano*, in DGDC, IV, 234-237。另参 *Annuario Pontificio* 2020, 1827。

的取得、分配与供给提供保障”(基本法，18-2°)。因此，城国主席办公室也应为罗马教廷和法律所规定的圣座其他机构的正常运作所需各种物质设施提供保障。

作为管理国家者，主席办公室“因其内在性质，亦为公法人，即不仅追求财产或财政利益，而且也力求维护秩序和促进社会福祉”。[229]

国家执行权在《拉特朗条约》第 15 和 16 条所列之梵蒂冈城外不同领地的行使，在新法中则表达为“具有特别法律地位的领域”(政府法，1-2°)。如此，便承认了条约所列之地方和宫殿所享有的法律特权，以及每个地方之独特的法律地位要求政府机关针对其行事相应的法律权力。正如新《基本法》所指出的，城国各机关“除了在梵蒂冈城国领土内，也在城国或圣座各机构开展工作，且享有国际法保障和豁免权的不动产和区域内，行使各自的权力”(基本法，4-2°)。

尽管主席办公室优先在梵蒂冈城领土内行使其职务，但有些宗座措施也延伸至梵蒂冈城领土外的活动：事实上，2001 年与 2005 年教宗接见时所发布的覆文便修改了 1929 年由教宗庇约十一世针对维护梵蒂冈城国内和治外法权区域内之不动产，以及位于城国外属于圣座财产的建筑所做的规定；藉着同样的措施，也修订了对此不动产的监督以及与此相关的法律规定。最初，主席办公室只负责监督位于城国内的工厂，而对圣座遗产管理局(Amministrazione del Patrimonio della S. Sede)则主管梵蒂冈城外的事务，但现如今对此都做了重要的修正。

2001 年 6 月 18 日所颁布的第一道覆文规定了主席办公室有责任维护城国内的建筑及承担相应费用(但伯多禄大殿及附属建筑，以及宗教事务局大楼除外)，其中包括冈道尔夫堡及附属领土、拉特朗大殿及宫殿，以及加莱利亚的圣玛利亚辖区(Santa

[229] F. Cammeo，*L'ordinamento giuridico...*, cit., 279。

Maria in Galeria)。圣座遗产管理局则应维护圣座名下且享有治外法权的不动产，并承担相应费用，其中包括圣座各部会所在地及其附属机构；除了这些不动产外，也负责其它因特别委托而应维护的不动产，并承担相应费用。[230] 2005 年 10 月 27 日所颁布的第二道覆文明确指出，这些不动产的保险应由对其进行管理的实体负责。

但是，除了 2001 年 6 月 18 日的覆文所提到了职责以外，还明确了城国主席办公室在这些领域应承担起监督和管控的责任："梵蒂冈城国主席办公室还应通过下属办公室，对《拉特朗条约》附件二与附件三中所列治外法权区域内之不动产和条约第 15 条所声明之治外法权区内的建筑物，施以监督。这种监督表现在授予批准书以对上述不动产进行维护和令其遵守相关法规"。

2023 年版《基本法》概括地指出了城国主席办公室，无论是在梵蒂冈城国领土内，还是在那些有圣座机关存在或根据 1929 年《拉特朗条约》而享有豁免权的地方，作为其本有职责而应保障的公共服务。基本上这些职责对应着在不同方面的组织结构，城国执政当局在 2018 年的《政府法》里面都有涉及：1) 保障安全、公共秩序和民事保护；2) 为维护健康的公共医疗与卫生，以及环境和生态提供保障；3) 致力于经济活动，以及与此相关的服务和海关工作；4) 确保交通枢纽、建筑、电力等必要的基础设施，并对电力设备加以维护；5) 确保对艺术性、历史性等遗产的保护、发扬与享用；6) 致力于法律或法规规定的一切其他职能(参基本法，19-2°)。

关于组织结构，《政府法》区分"政府机关"和其他"机构"，在旧法并不存在这种区别，而这种区别旨在限定两种类型的职责。"政府机关"这种表达在整部法律中是指体制上肩负着主席

230 "圣座遗产管理局则不负责对位于治外法权区域内但属于罗马代牧区或拥有自己管理部门——此部门拥有使用权——之机构所在地的不动产的维护工作"(2001 年 6 月 18 日覆文)。

办公室制度性职能的主体，即享有执行权的主体，以区别于担任具体服务工作的行政职务。

法律上以相对的灵活性准则规范了主席办公室内部的组织，并接受对其进行重要的修改。从这种意义上来说，领导部门和核心办公室的设立、职权或取消都属教宗管辖。而至于宗座梵蒂冈城国委员会，在主席的提议下，也被赋予设立或变更其它办公室和服务，以及将其职能移交给其它领导部门的权力。最后，至于城国主席，则承认其享有临时的组织权，以设立辅助机构并界定其职责，在领导部门之间协调统一工作或为领导部门分配新的职责，但这些都具有临时性特征。

新《政府法》的另一项独特性则是有意将主席办公室呈现为一个由从事专业工作而服务于国家的人士所组成的工作团体，因此无论其担任的职务与责任如何，都有责任以忠诚、专业和服务精神彼此合作。尽管所担任的职能不同于教会机构和罗马教廷各部门的职能，但考虑到梵蒂冈城国的职能性特征，便不可否认梵蒂冈职员们的工作客观上便与国家的职能性密切相关，因此其工作也应被视为是为普世教会的使命服务和为其提供协助(参政府法，21)。

所以根据由主席批准的组织表，职员被分配到每个机构，并遵照主席办公室人事安排条例所规定的职业特点，而担任相应的职务。[231] 不管怎样，政府机关有权批准或将具体职务分配给个别职员。最后，针对可能发生的工作类型出现的冲突和争执，则由城国的司法当局和圣座劳动局管辖。[232]

---

231 参：宗座梵蒂冈城国委员会，Decreto n. CXXVI del 21 novembre 2010, che *promulga il Regolamento generale per il personale del Governatorato dello Stato della Città del Vaticano*, in AAS Suppl. 81 (2010) 93-164。

232 参：本笃十六，m. p. di *promulgazione dell'Ufficio del lavoro della Sede Apostolica*, del 7 luglio 2009, in AAS 101 (2009) 712-726, 部分内容

## 3.3 政府机关

《政府法》展现了主席办公室中属于“政府机关”且享有执行权的三个属人职务：主席、秘书长与副秘书长。虽然从背景上来看，貌似呈现的是一个团体，拥有共同的事务，但实际上法律则阐释了每项职务的职权，以及三项职务的等级。

政府机关在履行各自的职能时，也启用秘书长和核心办公室的职员给予协助。特别是政府机关引导和协调监督和检察部门的统一工作，并制定了引导个别指挥部门工作的“指导方针”。最后，在尊重各自相应的职权的同时，如若相应领导部门要求，也准许进行约定的事务。

### 1) 城国主席

梵蒂冈城国主席的头衔依职务，属于履行城国立法职能的枢机委员会主席。正如委员会其他成员，他是由教宗每五年任命一次。此外，城国主席以个人的方式在国家内行使执行权，且是以双重身份行事：集体立法机关的主席和国家执行权领衔者。

首先，城国主席有代表国家的职能，同时也应遵守《基本法》第 1 条和第 6-1°条所规定的保留事项。这些保留所涉及的一方面是教宗的圆满权力(参基本法，1)；另一方面，保留给教宗的建立外交关系和与其他国家签署条约等事务也由主席通过国务院来完成(参基本法，6-1°)。

在法规领域，《基本法》赋予城国主席发布指令的权力，以落实宗座委员会的立法和条例。作为委员会主席，在紧要情况下，他也可以颁布具有法律效力的法令，但是此法令之后应由委员会给予批准。因此，在立法上也有广泛的主动权，再者，作为委员会主席，也有义务将立法预案提交给委员会审查与表决。

因此，在执行职领域，根据法律的规定，主席在秘书长和副

---

在 2016 年 6 月 16 日和 2016 年 11 月 28 日的覆文中得到了修改。

秘书长的辅助下行事，并赋予二者具体的职能(参政府法，2-1°)。此外，在重大事务上，除了应逐一研究外，《基本法》还规定应咨询宗座委员会，如有必要，也可直接诉诸于教宗(参基本法，15-3°)：而在旧法中，在这种情况下，必需与国务院协调进行，现在已无此必要。

城国主席在履行组织性和总策略性职务的同时，要确保城国政府的正常运作(参政府法，2-2°)；具体来说，主席可设立辅助性机构并规定其具体职责，保持领导部门之间的统一或为其分配临时性的新任务，召集领导委员会会议，核准整个主席办公室组织名单，以及任命核心部门的副主任和主任。[233]

此外，城国主席也负有监督财政状况的职责，依法制定各领导部门的费用额度和核准可能超出此额度之商业行为。作为最高机关，城国主席也有权审理可能出现的针对梵蒂冈行政工作所提出的行政诉讼。

梵蒂冈法中某些内容的有效性在圣座领域的逐渐扩大也使城国主席有权根据 2013 年第十号法案，对违法的行政行为施以处罚，但法律有不同规定者除外。这项法案还规定，主席可以将这种权力授予秘书长，无论是普遍授权，还是个别授权。[234]

### 2) 秘书长

总的来说，由秘书长负责主席办公室工作管理。事实上，正如《基本法》第 16 条所指，秘书长“在职务上辅助主席”，并根据主席的指示，负责与主席办公室所有机构相关的行政工作。《基本法》对此都有明确规定，且被纳入到《政府法》的第 3 条当中。

---

233 关于这一点，《政府法》第 25 条修改了 2010 年的《城国主席办公室人事总条例》中的第 4§1 条，该条也规定了领导部门副主任的任命。

234 参：art. 10 della Legge n. X, dell’11 luglio 2013, in AAS Suppl. 84 (2013) 136。

诚如上述已经提到，秘书长也可参加宗座梵蒂冈城国委员会的会议，并享有咨询权(参基本法，9-2°)。

秘书长是由教宗每五年任命一次，并在主席出缺或受阻时，替代主席，但新《基本法》第16-2°条明确指出："颁布具有法律效力的规定和采取其他法律措施者除外"。在宗座出缺时，秘书长负责主席办公室的日常管理工作，并依法监督日常事务。此外，也可由主席授权履行其它职能。

根据《政府法》第3§2条的规定，秘书长"主管行政工作、协调主席办公室的各机构和确保相应工作依法进行并正确完成所指定目标"。针对职员，秘书长"主管人事管理，对其进行安排或采取相应措施"，因此，应依法对工作进行部署。最后，秘书长也有保管《基本法》第20-3°条所言之城国官方印信的职责，并在相关文件上盖章，这项职责之前是由副秘书长履行的。

#### 3) 副秘书长

根据法律的规定，副秘书长，连同秘书长，也负有协助城国主席行使执行权的职责(参基本法，17)。同样是由教宗每五年任命一次，但针对其人事状况，法律并未特别指示。他也可以参加宗座委员会的会议，同样享有咨询权(参基本法，9-2°)。

根据《基本法》的规定，副秘书长协助秘书长管理行政工作的准备工作和其它委托给他的职责，包括在秘书长出缺或受阻时，代替其职务(参基本法，17)。总之，《政府法》除了《基本法》所规定的之外，并未赋予其特别的职权。

### 3.4 总秘书处

在2018年的新《政府法》中，总秘书处作为主席办公室的核心机构，以不同于其它行政职务的方式，被定性为办公室本身的核心管理机构。总秘书处直接以秘书长为首，是政府机关在履行其职能中所使用的工具。可以以永久或临时的方式，将其它职责委托给总秘书处。

总秘书处包括三个不同的部门，且对应着三项不同的职能：档案室、监察处和管理处。

1) 总秘书处的一般登记与档案中心(*Protocollo generale e l'Archivio Centrale*)这个部门负责“政府机关和主席办公室各机构的一般登记和档案管理。档案中心也负责保管办公室的历史档案和对各机构的文件进行造册”(政府法，第5§3条)。所以秘书处的这个部门也有权将信函和登记文书进行编档和保存，同时，也可履行法律委托给国家档案馆的工作。

2) 监察处(*Unità di Controllo e Ispezione*)作为总秘书处的特别部门，所肩负的职责既涉及到管理工作，也涉及到财政工作，是2018年《政府法》中新增设的机构，与从2014年《忠信而明智的管家》手谕[235]开始在圣座一般组织中所引进的监督准则保持一致。

根据现行《政府法》的规定，事实上，监察处是以内部稽查的方式行事。因此，相对主席办公室全部机构而言，监察处的职责便是：a)监督对纪律的准守和登记，b)评估工作，c)为保持最佳状态而提供建议，d)与主席办公室之外的机构进行合作与交流(参政府法，第5§4条)。

然后，也应适时地向政府机关汇报工作和调查结果，虽然后者并非监察处的本有职责，但也有采取适当措施的职责。

监察处与“主席办公室外部审查与监督机构”合作，并为其提供必要的信息与要素，以便其完成相应的职责。这是梵蒂冈城国结构因罗马教廷所设立的新的机构而做出调整所要求的一种间接，但明确的汇报，这些新的机构在圣座的各个方面都拥有权

235 参：教宗方济各，《忠信而明智的管家》(*Fidelis dispensator et prudens*)手谕，2014年2月14日，《宗座公报》106 (2014) 164-165。

限，其中包括：经济委员会、经济秘书处和审计局。正如圣座的其它机构，主席办公室也也受财务信息与管理局(*Autorità di Supervisione e Informazione Finanziaria*)的监督。因此，在这种特殊关系中，监察处应遵从总秘书处所给予的指导，并尊重国家必要的自治权所发出的要求，但应始终依法行事。

3) 总秘书处的管理处与相关实体与机构合作的同时，也要负责主席办公室所组织之事务的安排与协调工作，或根据政府机关所给予的指示，履行法律所规定的事务。

## 4. 主席办公室的其他机构

梵蒂冈城国的《政府法》也论到了城国主席办公室内部的其他行政组织和服务工作。这部法律将这些实体分为四类：1) 咨询机构；2) 业务机构；3) 学术机构；4) 辅助机构。每个机构自身都有为实现各自目的所需要的组织和人事安排。

不同机构的工作以一般准则为指导，以确保彼此间的协调，除了有效、透明、实惠与便捷的准则外，还以拥有好的管理、合作和在共同事务上相互完善为工作原则(参政府法，22)。

### 4.1 咨询机构

《政府法》所规定的唯一咨询机构就是“领导委员会”。顾名思义，这个委员会是由主席办公室中七个领导部门的主管所组成，此外再加上秘书长和副秘书长。但是核心办公室的主任并不是此委员会的成员，这些办公室作为业务机构，相对领导部门而言，拥有不同的自主性。“凡主席认为适宜，便可召集委员会全体会议或部分成员会议”，主席也可邀请其他人参加会议(参政府法，第6§2条)。

除了领导委员会之外，《政府法》第2§3条还规定，城国主席也可以“向国家总顾问、国家其他顾问、机构领导和负责人进行咨询”。可以单独地或集体地向其咨询，但始终是以其负责部门的主管身份提供意见或建议。

### 4.2 业务机构

主席办公室的业务机构包括七个领导部门和两个核心办公室，这是在将旧法中的部门进行合并后所保留的。

### A) 领导部门

领导部门是主席办公室中相对自主的行政机构，所开展的是国家的体制性工作，为城国和《拉特朗条约》第15和16条所提到的附属领域，根据其特殊的法律地位，生产和提供必要物资和服务(参政府法，7)。

每个领导部门都设有一位主任，有一定的任期，且由教宗任命，在组织和协调工作中由一位秘书协助（参政府法，16）。除了主任之外，还有一位由城国主席任命的副主任，除另有规定外，在主任出缺或受阻时，可代替主任行事，或协调部门内的特别事务(参政府法，25)。

主任也是领导部门工作和具体选择的责任人，且应落实政府部门所给予的指导方针。根据《政府法》第24§3条，主任有权：1)落实所制定的计划，并设法达到所预定的目的；2)组织工作和负责人事安排；3)明确对领导部门所拥有之物资的运用；4)在尊重预算的情况下，筹备物资和准备外在必要的服务，同时也应完成应有的竞争和开拓市场；5)确保工作场所的安全和保护与部门相关的信息，并与主管机构合作。

每个领导部门都应以有效且有成效的原则，开展所托付给它的行政工作。其内部组织应遵从相关条例，主席也可委托其其它任务，也可临时组织其与其它部门合作。

2018年《政府法》所规定的七个领导部门分别是：①基础设施与服务部；②电信与信息系统部；③经济管理部；④民事安全与保护服务部；⑤医疗与卫生部；⑥博物馆与文化财产部；

⑦教宗夏宫部。

1) **基础设施与服务部**：根据《政府法》第 9 条，下设两个不同的部门：a) 基础设施部，其中包括研究与设计、建筑、实验室与设备工程、物资储备与中央仓库；b) 后勤与环境服务，包括花园和环境，以及插花服务。

该部门特别负责：a) 地籍册；b) 设计与施工；c) 主席办公室主管之不动产的维护；d) 技术、水力与电力等设施的设计、施工与维护，以及对其进行监督和与其他相关领导部门合作；e) 对建筑工作的技术监督；f) 对城国环境与生态的保护，以及对花园、道路和喷泉的维护。

此外，当在城国附属领域内施工时，基础设施与服务部还要“为设计与施工给予必要的批准提供技术性建议”，但“博物馆与文化财产部和保护圣座历史遗迹与艺术古迹委员会的权限保持不变”，且可主导工作(参政府法，第 9§3 条)。

最后，为了核实地方和设备，领导部门可求助于火警的协助，在权限方面，可求助于医疗与卫生部门。

2) **电信与信息系统部**：根据《政府法》第 10 条，此部门包括：a) 邮政与集邮；b) 电话局；c) 网络技术服务；d) 信息系统。该部门准备和管理网线连接设施，并为梵蒂冈城国和圣座各机构提供相关服务。特别是，该部门负责：a) 规划和实施信息网和相关软件，并确保维护与运营，以及保障信息与资料的安全；b) 协助政府机关，在落实相关指示的同时，保持与各机构和相关领域国际实体的关系；c) 负责与发行证券和邮政产物及集邮相关的事业。

3) **经济管理部**：根据《政府法》第 11 条，此部门分为两个单位：国家会计科与经济事务部。

国家会计科包括：a) 遗产管理；b) 统计与预算；c) 内部审计；

d) 国家造币所。

国家会计科在预算案与决算案的筹备工作上，按照《基本法》第 11-12 条所规定的方式，与政府机关合作。此外，该科室“有权进行统计工作和核实个别机构的会计业务。负责对遗产、国库和金融业务的管理，并落实由政府机关所收到的指示”。

经济事务部则包括：a) 管理商务活动；b) 商业集邮与集币；c) 海关服务与货物运输；d) 停车场。

**4) 民事安全与保护服务部**：负责公共安全与秩序，根据《政府法》第 12 条的规定，组织和协调民事保护工作。该部门包括宪兵队，宪兵队队长也可是改部门主任，另外还有火警队。该部门履行圣座所要求的工作，在教宗安全的事务上，与宗座瑞士警卫队合作。此外，在落实所收到之命令和指示时，应注意在履行职务上与其它国家同类机构和国家治安组织的必要连系。

宪兵队[236]肩负治安职能与服务，包括交警与法警的工作，维持公共秩序，确保地方与人的安全，预防并制止在梵蒂冈城国内和在《拉特朗条约》第 15-16 条所提到之特殊区域内的犯罪行为。

现今的宪兵队拥有自己的法规，[237]其中指出了：a) 宪兵队的宗旨；b) 队伍的结构和人员是水平及要求；c) 专业的发展；d) 人员的职权与义务；e) 经济待遇；f) 纪律方面的认定与惩处。

此外，至于法警与狱警的职能，根据梵蒂冈城国的司法和相关法律的规定，宪兵队听从国家司法当局的安排。

---

236 宪兵队在历史上曾被解散，并经历了多次改变，最终在 2002 年 1 月 2 日，藉 CCCLXXIV 号法案(in AAS Suppl. 72 [2002] 145-146) 重新恢复了“宪兵队”的称谓。

237 参：宗座梵蒂冈城国委员会，Decreto n. XXXVIII del 30 dicembre 1981, con il quale è promulgato l’Ordinamento dell’Ufficio centrale di vigilanza, in AAS Suppl. 52 (1981) 79-92, parzialmente modificato con Decreto n. CXXXVI del 1° febbraio 1989, in AAS 59 (1988) 65-71。

火警队则确保及时干预，以预防和保证人、地和财产的安全无恙。火警队也组织和协调民事保护志愿活动。在履行本有职能时，与其它部门合作。

**5) 医疗与卫生部**：负责照顾人的健康，和公共卫生与健康安全，包括工地工人的安全与健康(参政府法，13-1°)。

目前该部门受 1997 年 6 月 12 日所颁布的条例约束，[238] 在开展自身工作时，也应遵守意大利相关的法律，“即使在教宗夏宫冈道尔夫堡和《拉特朗条约》第 15-16 条所规定之不动产或区域，在因其特殊法律地位所具有之限制和相关法律的规定内”(条例，1-2°)，亦是如此。

该条例规定了：a) 该部门的体制性权限；b) 该部门的组织与结构；c) 诊断书与证明的形式；d) 附有相关要求与职务的人事名单。该条例还附有一个职责一览表。

医疗与卫生工作中也包括梵蒂冈药局，此药局享有技术与管理上的自主权。负责提供与分施医药与医疗产品；生产并销售自己的药物与药剂。

**6) 博物馆与文化财产部**：根据《政府法》第 14 条的规定，该部门负责保存、管理、开发和享用梵蒂冈城国的全部艺术与博物馆遗产，同时，履行由博物馆部门所委托的职权。

该部门包括两个领域：a) 艺术与学术领域，负责保护、修复、开发和传播国家文化与艺术遗产知识；同时，也负责学术研究和主管领域中的培育；b) 经营和管理领域，负责组织和经济方面，以及遗产盈利。

该部门也主管圣座、梵蒂冈城国、城国内各机构、各行政部

---

238 参：宗座梵蒂冈城国委员会，Decreto n. CCLXXVII del 12 giugno 1997 con il quale viene promulgato il *Regolamento della Direzione dei Servizi Sanitari*, in AAS Suppl. 68 (1997) 43-66。

门、实体与修会，以及《拉特朗条约》第15-16条所言之不动产内的文化财产，并履行梵蒂冈城国有关文化财产保护之法律所规定的职务，以及《渊源法》第1-4°条所言之国际法相关义务。

该部门在获取新作品、开展研究和发表与城国艺术与文化遗产相关的学术研究成果等方面，可向政府机关提交议案并征得批准；并拟定复制品、传播和经济盈利的计划书。

7) **教宗夏宫部**：根据《政府法》第15条，该部门负责教宗夏宫冈道尔夫堡及其附属建筑和附属物的保护与管理；确保与之相关的维护服务和必要的工程，并与其它主管部门合作。该部门也经营与管理在教宗夏宫内所举办的各种活动。在夏宫内的博物展览活动保留给博物馆与文化财产部。

## B　核心办公室

从结构上来说，与领导部门不同的则是核心办公室，其业务性职责主要是与执行权相关的工作，这些机构因所享有的执行权，而在工作时享有一定的自主性，但也与政府机关保持着密切关系。

旧法中所涉及的七个核心办公室由2018年的新法缩减为两个，分别是：法务办公室与人事办公室。

1) **法务办公室**：如同梵蒂冈城国的律师所，为城国主席办公室提供法律援助，并在诉讼案件中代表城国和为其辩护。为达此目的，该办公室致力于对所涉事务的研究和制定法律性计划，同时，也对行政问题、商务谈判、合同等事务表达意见。

特别是，正如《政府法》第17§3条所指，法务办公室有权：a)维护国家、负责户口登记及落实相关事务；b)管理档案和保存公共与私人注册信息；c)因在城国内落实国际公约，在要求时，搜集和准备资料，并落实相关事务；d)履行国家公证员的职能，并开展公证工作；e)监督保险合同及相关管理。最后，还应该管理主席办公室所设立的七个登记处，即：民事法人登记处、教会法人登记处、志愿者组织登记处、非盈利实体登记处、梵蒂冈汽车登记处、梵蒂冈船舶登记所，以及艺术与文学财产和工业财产登记处。

该部门还负责根据国际法保护杰出作品，并根据《政府法》第 1§4 条，制定符合国际普通法或由圣座签署的国际条约的梵蒂冈法律，但教会法的要求保持不变。

最后，在遵守为圣座所有附属机构岁制定的一般法则的情况下，法务办公室还负责组织、管理与核实梵蒂冈供应商花名册所具有的要求。

**2) 人事办公室**：协助政府机关管理主席办公室的人事安排，和表达对相关议案的意见。

特别是，根据《政府法》第 18§2 条，该办公室主管：a) 照顾员工、人员档案和人员登记，并更新个人记录、结算薪水、救济补助，以及记录相关账目与支出；b) 监督正确落实人事工作条例和劳务关系法规；c) 负责整理人事资料和履行人事委员会秘书的职能；d) 在人事选拔上和平信徒人事选拔委员会的运作上，协助政府机关；e) 在申请政府机关必要批准之前，核实求助于国外工作的要求与适宜性；f) 监督在城国内工作之外国企业职工劳务关系是否正规；g) 根据政府机关的指示，推动培育计划和专业进修或更新。

## 4.3 学术机构

因其职能性、历史性与学术性的特殊性，《政府法》第 19 条保留了旧法将梵蒂冈天文台作为属于城国学术机构的法律定性。天文台或观象台是一个在教宗额我略十三世进行年历改革的背景下，于 1578 年在梵蒂冈设立的科研机构，正常运作直至 1821 年。之后又重新启用，在经历了后续的改革之后，目前科研中心坐落在冈道尔夫堡，还有一个从属性的观察和研究中心坐落在土桑市(美国亚利桑那州)。[239]

### 4.4 辅助机构

《政府法》第 20§1 条规定了四个特别委员会作为政府机关的“辅助机构”，且拥有各自的条例：1) 货币问题委员会，设立于 2009 年与欧盟达成货币公约之时[240]；2) 纪律委员会，调查与梵蒂冈城国职员品行相关的问题，并商议由城国主席给予的纪律性处罚[241]；3) 人事委员会；4) 平信徒人事选拔委员会，由城国主席于 2017 年 5 月 30 日藉法令所设立的，其职能即在于评估与核实人员选拔的问题。[242]

此外，城国主席也有权设立具有一定期限的其它辅助机构，并赋予其特别的职责(参政府法，20-2°)。

## 5. 法律、经济与诉讼行为

梵蒂冈城国的《政府法》最后概述了主席办公室机关在某些特殊活动或工作中应遵从的一般法则。具体而言，就是法律行为、会计工作和行政诉讼行为所应遵从的法律。

### 5.1 法律行为

主席办公室的机构获准，在由主席所规定的费用额度内和遵

---

239 参：宗座年鉴，2023, 1843-1844。

240 参：*Convenzione Monetaria tra l'Unione Europea e lo Stato della Città del Vaticano*, del 17 dicembre 2009, in AAS 102 (2010) 60-65。

241 参：art. 1 del *Regolamento della Commissione Disciplinare dello Stato della Città del Vaticano*, promulgato con Decreto n. LIX del Presidente della Pontificia Commissione S.C.V. del 15 marzo 2008, in AAS Suppl. 79 (2008) 13-17; art. 92, *Regolamento generale per il personale del Governatorato dello Stato della Città del Vaticano*, del 21 novembre 2010, in AAS Suppl. 81 (2010) 93-164。

242 参：Presidente della Pontificia Commissione per lo S.C.V., Decreto del 30 maggio 2017 che promulga il *Regolamento della Commissione per la Selezione*, in “Bollettino ULSA” 27, 2019。

守制定的程序与所做的预算前提下，完成可由主席办公室自身承担责任的契约性法律行为。如此所完成的合同和责任，除获准时有其它要求外，应遵守城国的法律规定，其他非梵蒂冈企业，但为其提供服务或物资者，也应遵守相关法律。

若所签署的合同所需开支已超出了预算的额度，那么为了合同的有效性，需遵从特别的程序：在经由法务办公室研究后，还应呈送国家会计科以核实是否符合相关财务规定，最后才能呈递至主席或由其授权的秘书长给予最终批准(参政府法，28-3°)。

总之，禁止主席办公室的任何机构自主签署合同或其它劳务关系性法律行为，但政府机关明确批准者除外。

无论如何，整个主席办公室系统内的商业性法律行为都应遵守为圣座制定的相关法律：具体而言，应遵守由教宗方济各在2020年5月19日藉《慈父的勤勉》(La diligenza del buon padre)手谕颁布的《政府合同的透明、监督与竞标法》(Norme sulla trasparenza, controllo e concorrenza dei contratti pubblici)。

## 5.2 财务行为

国家会计科肩负着主席办公室总会计处的责任，汇总了来自不同机构的财务问题，并记录与预算案相对应的财务往来。会计科要核实预算案项目是否与合同内容和其它商业行为相符，以及是否适时地得到落实；如有规定，还要审查验收资料或常规结算。

与国家会计科密不可分的则是国库出纳处，后者负责接收和结算账单，根据不同机构的项目内容，发放资金，如此来定期地落实预算案(参政府法，29-3°)。

在准备预算案与决算案的工作上，根据《基本法》第13条的规定，国家会计科与政府机关进行合作，预算案与决算案一旦由宗座委员会核准后，便通过国务院而呈递给教宗(参基本法，

13-1°)。此外，就此而言，经济委员会的章程规定，[243] 该委员会在圣座的全部领域享有权限，在审查了梵蒂冈城国年度预算案与决算案，并评估财政状况和遗产状况相应的风险后，将其呈送至教宗进行批准。

所有这些行为都应遵从圣座所颁布的相关法规，如有需要，也应遵守财务信息与管理局的指示。

## 5.3 行政诉讼

2000 年的《基本法》在论到行政诉讼时，引进了一项重要的改革，因《政府法》将此纳入其中的第 30-33 条，2023 年的《基本法》中便没有提及。最初，1929 年《基本法》的第 15 条并未涉及向上级提起行政申诉的制度，而面对可能出现的争诉，便指出了两种途径：1) 司法诉讼，因侵犯权益而宣布行为不合法，并指出赔偿的方式，但是既没有撤销的可能性，也不会改变侵犯的行为；2) 通过国家总顾问，直接上诉至教宗。

2000 年的《基本法》扩大了上诉的可能性，无论是行政诉讼，还是司法诉讼，也不只是因权利受到侵犯，而且也可因合法利益受到侵犯，即可提起诉讼；此外，在这种情况下，还规定了向上级申诉或强令司法当局的可能性。新《基本法》并未提到已在法律中所涉及的这些选择，而仅限于指出广义的司法职是由“法律因特别事务而授予职权的其他机构行使”（基本法，21-1°）。[244]

根据《政府法》第 30 条，法律所规定的向上级申诉不包括有关劳务关系、宗座劳动局之权限的争诉，以及针对纪律措施的诉讼。此外，《政府法》第 32 条也规定了司法权对一切旨在获得

---

[243] 参：art. 3§1, §2.d, *Statuto del Consiglio per l'Economia* de 22 febbraio 2014, in "*Communicationes*" 47, 2015, 26-27。

[244] 参：G. Dalla Torre, *La nuova Legge Fondamentale dello Stato della Città del Vaticano*, cit., 38-39; P. Papanti Pelletier, *La giurisdizione amministrativa nello Stato della Città del Vaticano*, in "Annali di diritto vaticano", 2017, 43-50。

赔偿之诉讼没有管辖权。

总之，因着这些限制，《政府法》第 31 条基本上收录了教会法典 1732 及后续几条的内容，即：针对无论是因权利受到侵犯，还是合法权益受到损害而提起之行政诉讼的规定。因此，凡是自认因某行政行为，个人权利或利益受到侵犯者，应请求主席在得知此措施或对此有了解后十日有效期内，撤销或更正此行政行为。在主席做出否定答复后三十日内，或依法推动沉默后三十日内，便可正式向宗座梵蒂冈城国委员会提起申诉。

通常宗座委员会，为审理这种诉讼，会设立专门的合议庭，其中包括总顾问和另外两位顾问，合议庭有权中止所反驳的行政措施。委员会应在 90 天之内针对争诉做出裁决。针对委员会的裁决，仅可因其合法性，才能直接向宗座委员会提起上诉。无论如何，在整个诉讼过程中，各方均可根据《政府法》第 33 条的规定，启用法律援助。

## 6. 梵蒂冈城国司法权的行使

在梵蒂冈城国，司法权是以罗马教宗的名义由为此目的，而根据城国本有司法体制而设立的机构，以及由“法律因特别事务而授予职权的其他机构行使的”(基本法，21-1°)。由于教宗享有圆满的权力，因此教宗“有权颁赐赦免、特恩、豁免与恩惠，以及变更刑罚”(基本法，22)，而在旧法当中并不包括最后这一点。事实上，正如其它权力机构，梵蒂冈城现行的司法组织也是自 1929 年以来逐渐发展的结果。[245] 目前，梵蒂冈法院的结构在 2020 年 3 月 13 日所颁布的第 351 号法案中得到了明确阐述。[246]

[245] 参：P. Ciprotti, *Tribunali dello Stato della Città del Vaticano*, “Enciclopedia del diritto” XLV, Milano 1992, 80-85; G. Dalla Torre, *Lezioni di Diritto Vaticano*, cit., 101 ss。另参：F. Cammeo, *L'ordinamento giuridico...*, cit., 145-164。

[246] 参：FRANCESCO, Legge n. CCCLI su*ll'ordinamento giudiziario dello*

## 6.1 司法组织的演变

梵蒂冈城国最初的司法组织结构是由 1929 年《基本法》第 9 条所设立的。这条内容所勾勒出的司法组织，一方面反映出了之前在教宗国时代已存在的结构要素；[247] 另一方面，也包括在组织上和诉讼程序上与宗座法院和教会法存在着不同程度的混合。对这种元素上的混合正确的克服需要一个艰辛的过程，这个过程历经了四个重要而具有决定意义的年份，即 1932 年、1946 年、1987 年与 2020 年，并且对梵蒂冈司法体系做了重要的改革。

1929 年的《基本法》将梵蒂冈法院所行使的治权定性为教宗的“代权”，《基本法》第 9 条这样规定：“授予下列几条内容所指之机构的司法权，应以罗马教宗的名义行使”。第 1 条在肯定了教宗的圆满权力之后，将司法权定性为教宗的代权，貌似也是必然的结果。此外，教宗也保留“将审理与裁决移交给某一特别委员会”的权力，“无论是民事案件，还是刑事案件，无论诉讼处于何种阶段”（1929 年基本法，第 9 条）：总之，教宗依然将这种授权保留在现行法律中。

此外，《基本法》还指出，尽管称呼上与最初的有所不同，但梵蒂冈司法的四个审级直到如今仍然保留，且享有民事与刑事

*S.C.V.* del 13 marzo 2020, in “*Communicationes*” 52, 2020, 9-20。另参 G. Pignatone, *Indipendenza e professionalità dei magistrati,* in “L’Osservatore Romano” 16-17 marzo 2020, 6; G. Dalla Torre, *Considerazioni sul nuovo ordinamento giudiziario dello Stato della Città del Vaticano,* in “Stato, Chiese e pluralismo confessionale”, 12, 2020。

247 参：N. Piccardi, *Ordinamento giudiziario dello Stato della Città del Vaticano*, in F. Cammeo, *Ordinamento giuridico dello Stato della Città del Vaticano*, Firenze 1932, rist. Città del Vaticano 2005, 595-616, spec. 600; vedi anche, *Ibid.*, *Alle origini della giurisdizione vaticana*, in “Historia et ius. Rivista di Storia dell’età medievale e moderna”, 1/2012; *Ibid.*, *Lo Stato Vaticano e la sua giustizia*, Bari 2009; G. Dalla Torre, *Lezioni di diritto vaticano*, cit., 87。

权限：一个独任审判官、一个伴有检察官的法庭、一个上诉法院和一个最高法院。这四个审级的特征与现今审级的特征有所不同：事实上，原来的上诉法院，依法则是罗马圣轮法院，审理特殊诉讼的法庭则是宗座圣玺法院（Tribunale della Segnatura Apostolica）：但是，这些宗座法院若以梵蒂冈城国司法机关行事的话，应在梵蒂冈领土内履行其职责(参 1929 年基本法，14§1)。应由教宗来任命法官，而宗座圣玺法院则主管有关法院的纪律。针对刑事案件，并不是由法官来审理，而是由城国主席所任命的官员，只有在上诉的情况下，才由国家法院审理(参 1929 年基本法，12)。

自 1929 年的《基本法》开始，“独任审判官”机制不仅被定性为自主的司法机关，而且还被视为在民事案件中通常是由审判长或由审判长所任命的一位法官履行的职务。尽管在随后的司法体制中，这一机制在组织意义上获得了自主权，但如今仍然是每年由审判长所任命的一位常规审判官所履行的“司法职务”。

1929 年《基本法》所规定的司法结构的状况揭示出并不完全合适，特别是在反诉的情况下，在民事案件与刑事案件中诉讼准则便出现不一致的现象：事实上，根据 1929 年《渊源法》第 15§4 条，在民事案件中，在宗座法院应遵守 1917 年教会法典 1552-1998 条的规定，其中要求双重一致的判决。相反，在刑事案件中，包括在上诉法院，应遵从意大利刑事诉讼法典，其中为这类案件规定了三级治权。

因此，为了解决这种失衡，教宗庇约十一世在 1932 年便通过临时性的法律对司法体系做了初步的改革，[248] 与此同时，也下

[248] 参：Pio XI, m. p. *Al fine di sempre*, del 21 settembre 1932, in AAS 24 (1932) 332-334。另参 P. Ciprotti, *Qualche particolare aspetto dell'attività giudiziaria nello Stato della Città del Vaticano*, in “Dilexit Iustitiam. Studia in honorem Aurelii card. Sabattani”, Z. Grocholewski-V. Carcel-Ortì (eds.) Città del Vaticano 1984, 591-603。

令研究最终的解决方案，并在十年之后得到了结果。庇约十一世以临时的方式，在城国法院内部设立了两个审判委员会，一个审理教会的婚姻案件，另一个则审理其它案件，且所做判决不可上诉，但向宗座圣玺法院所做之恢复原状的上诉，不在此限。刑事案件仍然遵守《基本法》所做的规定。

整个体系的改革在 1946 年达到了巅峰：教宗庇约十二世为梵蒂冈城国颁布了一部民事诉讼法典，[249] 并指出了民事诉讼与教会法诉讼的差异；在同一年教宗还设立了一个新的司法组织，[250] 从此正式地将梵蒂冈司法结构与宗座法院分离，在那个历史时刻保留了四个审级：独任审判官、法庭、上诉法院与最高法院。城国主席在刑事案件上的权限便被取消，而转授于独任审判官。

因此，藉着新的梵蒂冈民事诉讼法典，教会法诉讼便不再适用于梵蒂冈的案件；在法院内部，连同处理世俗事务的“部门”，无论是“主管遗产或经济性民事案件的教会法庭”，还是狭义的主管其它案件——比如婚姻案件——的教会法法庭，一直保留到 1987 年的改革。[251] 教会审判部门的组成并不是固定的，逐渐地由罗马圣轮法院的推事和罗马代牧区教会法庭的法官融合进来。[252]

结构上与诉讼程序上的不明确，一方面来自于当时的教会法。事实上，在随后几年中教会法的演变便改变了自梵蒂冈司法体制之初所出现的国法与教会法因素混合的主要原因。第一个改变发生在教宗保禄六世的时代，教宗在宗座圣玺法院中设立了另一部门，且享有审理因教会行政措施而出现之诉讼案件的裁判权，从而剥夺了梵蒂冈法院审理遗产性教会案件的权限。第二个

249 参：N. Piccardi, “Ordinamento giudiziario…” cit. 604。
250 参：Pio XII, m. p. *Con la legge*, del 1° maggio 1946, in AAS 38 (1946) 170-172。
251 参：G. Dalla Torre, *Lezioni di diritto vaticano*, cit., 106。
252 参：宗座年鉴，1961, 1062；1970, 1096-1097。

重要的改变则是 1983 年教会法典的颁布和在针对教会教长们的案件中特权的取消，从此，即使有关教长或会士的案件，也可在梵蒂冈城国民事法院内审理。

## 6.2 司法组织与若望保禄二世所颁布的《基本法》

随着教会法的改变，1987 年 11 月 21 日梵蒂冈城国的司法制度也进行了重组。[253] 国务卿根据教宗在 1984 年 4 月 6 日以亲笔书函《不断地关心》(*Le sollecitudini crescenti*)所给予的特权，颁布了第 119 号法案，教宗同样也委托国务卿以教宗的名义行使与教宗世俗主权相关的“权力与职责”。[254] 同一天，教宗还藉着一道手谕设立了梵蒂冈教会法庭，我们将在后面对此进行详述。

1987 年的关于梵蒂冈司法体制的法律确认了建立在四个审级基础上的这种旧有架构，即：独任审判官、法庭、上诉法院[255]与最高法院，同时对其相应的权限和职能做了少许变更。根据法律对每种情况所明确的方式和宗座劳动局的章程，其权限所涉及的分别是民事案件、刑事案件、行政性案件或劳务关系。[256]

事实上，宗座劳动局的设立改变了梵蒂冈法院在有关工作权事务上的权限。最初只有针对调解与仲裁委员会之决定的合法性存有疑义时才可向梵蒂冈法院提起诉讼。但是，后来也赋予了向梵蒂冈司法当局或劳动局起诉的自由，但始终需要“事先必须在

---

253 参：Segreteria di Stato，Legge n. CXIX del 21 novembre 1987, *che approva l'Ordinamento giudiziario dello S.C.V.*, in AAS Suppl. 58 (1987) 45-50。

254 参：若望保禄二世，《不断地关心》书函，1984 年 4 月 6 日，《宗座公报》76(1984)495-496。

255 参：C. Ventrella, *La Corte d'Appello dello Stato della Città del Vaticano e alcuni aspetti della sua competenza in materia disciplinare*, in “Diritto e Religioni”, 2018, 265-275。

256 宗座劳动局章程的第 11§1 条规定，凡是自认因劳务措施而受损者，事先在劳动局局长前进行过调解后，可向劳动局——同时将纠纷事由呈报给调解与仲裁委员会——或向司法当局提起诉讼。

宗座劳动局局长前勉励进行和解”。[257]

再晚些时候，2000 年的《基本法》对于理解 1987 年所制定之司法组织的方式做了重要的改变，并将梵蒂冈法官的权力不再定性为代行教宗的司法权，而根据《基本法》第 15 条和教会法典 132§2 的规定，这是一种副职权。所以，正如教会法典 1420§2 所规定的，司法代理与教宗也组成了一个法庭。

新的《基本法》还承认了教宗在司法领域的另外两项与权力的圆满有着密切关系的特权，这两项特权已存在于 1929 年的《基本法》当中。第一项特权就是将案件的审理与裁决转交给另一特别审级的权力，无论是民事案件，还是刑事案件，不管处于何等阶段，“并拥有根据衡平法宣布判决的权力，且杜绝一切后续的上诉”(2000 年基本法，16)。第二项特权则是教宗有权颁赐赦免、大赦、豁免和恩赐(参 2000 年基本法，19)。[258]

## 6.3 梵蒂冈城国法院司法权的扩充

一方面，当梵蒂冈城国法院的权限，随着审理行政诉讼、劳务诉讼制法庭和审理教会法问题之教会法庭的设立，而遭到缩减的同时，另一方面，尤其是在最近，其权限以“过分”的方式得到了扩充。无论是有关那些明显需要专业知识的事务，还是有关新的主体，意即：对于某些案件，梵蒂冈法院的裁判权如今广泛地涉及到圣座的职员及其机构。法院司法权的扩充或延伸是藉着

---

257 参：本笃十六世，《宗座劳动局章程》，11 条，2009 年 7 月 7 日，《宗座公报》101(2009)712-726，此章程后来于 2016 年 6 月 14 日，以覆文的形式，做了修订。

258 参：G. Dalla Torre, *L'attività giudiziale nello Stato della Città del Vaticano e la Legge fondamentale*, in “*Ius Ecclesiae*”13, 2001, 347-367; IDEM, *La nuova Legge Fondamentale dello Stato della Città del Vaticano*, cit., 35-37; N. Piccardi, “Ordinamento giudiziario dello Stato della Città del Vaticano”, cit., 612; W. Hilgeman, *L'ordinamento giudiziario dello Stato della Città del Vaticano,* in “Didaskalia” 41, 2011, 87-117, spec. 93。

教宗的文件而实现的，这些文件声明梵蒂冈的某些法律——一般来说是刑法——也适用于原来仅受教会法约束的主体。

第一个这类的文件就是教宗本笃十六世在2010年12月颁布的《宗座》(*La sede apostolica*)手谕。[259]藉着这道手谕，教宗在圣座领域内设立了财务信息局(Autorità di Informazione Finanziaria，简称 AIF；后来又改名为：财务信息于管理局，简称 ASIF)，并使《有关财务工作的透明、监督与检查》[260]的第127号法案[261]适用于以任何方式隶属于圣座的所有机构，并由财务信息与管理局和梵蒂冈法院对其进行监督。

为了履行先前圣座所承诺的国际义务，类似的事情后来也发生在2013年7月。藉着《我们的时代》(*Ai nostri tempi*)手谕，教宗扩大了于当天所颁布的三部梵蒂冈刑法的适用范围，并赋予梵蒂冈法院在这些事务上的裁判权。[262]这道手谕的第3条勾勒出

259 参：本笃十六世，《宗座》手谕，2010年12月30日，《宗座公报》103(2011)7-8。另参：G. Dalla Torre, *Lezioni di diritto vaticano...,* cit., pp. 118-119。

260 梵蒂冈城国的这部法律后来得到了更新，现行的则是2013年10月8日所颁布是第18号法案：*recante norme in materia di trasparenza, vigilanza ed informazione finanziaria*, (《宗座公报》附录84[2013]233-296)，后来又在2018年6月19日藉第242号法案做了进一步的修订，参《宗座公报》附录89(2018)89-101。

261 参：宗座梵蒂冈城国委员会，Legge n. CXXVII, del 30 dicembre 2010, *concernente la prevenzione ed il contrasto del riciclaggio dei proventi di attività criminose e del finanziamento del terrorismo*, in AAS Suppl. 81 (2010) 167-201。

262 所涉及的是滴 8 号法案：*recante norme complementari in materia penale, che tipifica una larga serie di reati non contenuti nel codice penale vaticano*；第9号法案：*contenente puntuali modifiche al citato codice penale vigente in vaticano*；和第10号法案，即明确和规范非法的行政行为，这三部法案都是在2013年7月11日颁布的(参宗座梵蒂冈城国委员会，Legge n. VIII, dell'11 luglio 2013, in AAS Suppl. 84［2013］77-108; IDEM, Legge IX, dell'11 luglio 2013, in AAS Suppl. 84［2013］109-131; Idem, Legge n. X, dell'11 luglio 2013, in AAS Suppl. 84［2013］133-144)。

了新法所约束的对象和法院司法权的范围：除了罗马教廷及其附属机构的职员外，教宗代表和外交人员，以及“凡是身负代表职能、管理或领导工作者，以及对直接隶属于圣座的实体和注册为教会法人，但属梵蒂冈城国主席办公室治下之实体履行和实际履行管理和监督职务者”(手谕第3条)都应遵守这些法律。最后，这些法律也适用于“所有受命在圣座担任行政或司法职务者，无论是永久的，还是暂时的；无论是有偿的，还是无偿的；且不管隶属何种圣统阶级”(手谕第3条)。

显然，这里所涉及的对象十分广泛，教会法或梵蒂冈法有关人的条例现在与《我们的时代》这部手谕所指出的规章交织在一起；此外，这部手谕为第8号和第9号法案所涉及的事务又增添了“触犯圣座安全、基本利益或遗产的罪行”(手谕第1条)，正如刑法典所规定的一样。

藉着这部手谕所颁布的第10号法案中并未提到这一点。教宗的文件只是在论到法人的责任时提到：“第一点(即梵蒂冈司法机关的权限)所提到的治权也延伸至法人因犯罪而来的行政责任，正如梵蒂冈城国法所规定的”(第4条)。

遵循同样的思路，并根据《宗座》手谕中的规定，教宗方济各于2013年8月8日颁布了《促进发展》(*La promozione dello sviluppo*)手谕，藉此扩大了教宗本笃十六世于2010年所颁布的有关财务透明之法律的效力范围。藉着这部新的手谕，圣座附属机构的职员和具有教会法法人资格且无盈利目的，而在梵蒂冈城国境内之组织的职员，[263] 都应遵守关于财务透明、预防金融犯罪和洗钱的法律，而且这些实体也应遵守梵蒂冈城国关于预防金融

[263] 参：宗座梵蒂冈城国委员会，2013年10月8日第8号法案：*recante norme in materia di trasparenza, vigilanza e informazione finanziaria*，《宗座公报》附录84(2013)233-296，后来又在2018年6月19日藉第242号法案做了进一步的修订，参《宗座公报》附录89(2018)89-101。

犯罪和洗钱的一切立法和相关法院的司法权。

最后，教宗方济各遵从同样的立法技术，于 1019 年 3 月 30 日颁布了另一部有关保护未成年人和脆弱的人的法律，并将其在一定程度上引进了梵蒂冈城代牧区，同时，也将在此事务上涉案的圣座职员列为梵蒂冈法院管辖范围之内。

## 6.4 2020 年的治权调整

作为因圣座加入欧盟货币体系所产生义务的结果，最近这十几年在立法上所呈现的新颖之处，要求对梵蒂冈城国的司法权结构也要进行进一步的变更，需要以专业的手法对其进行重新规划，同时也需要打破圣座旧有的机制，以回应国际社会的期待。

因此，2020 年 3 月 16 日，教宗方济各藉着手谕颁布了第 351 号法案：《梵蒂冈城国司法条例》（*Ordinamento giudiziario dello Stato della Città del Vaticano*），[264] 同时废除了由若望保禄二世在 1989 年颁布的同一名称的法律。新法首先以特长和专业为基础介绍了法官人事条例，然后分别论述了调查官与法官的组织形式和晋升，最后，取消了与圣座其他审级的连系，但最高法院除外，其理由我们将在后面详述。后来，教宗方济各藉着 2021 年 2 月 16 日和 2023 年 4 月 12 日的两道手谕，对上述 2020 年第 351 号法案进行了重要修改。[265]

第 351 号法案第一条，以及 2023 年的手谕所做的修订，对检察院——作为在司法职务中拥有特别职能的机构——补充了一项明确的参照，而原始法律条文中并未预见这一点。根据新法的规定："梵蒂冈城国的司法权是由法庭、上诉法院和最高法院，

---

264 参：教宗方济各，第 351 号法案：《梵蒂冈城国司法条例》，2020 年 3 月 13 日，in AAS Suppl. 91 (2020) 57-68。

265 参：教宗方济各，《所出现的需求》（*Esigenze emerse*）手谕，2021 年 2 月 8 日，见 2021 年 2 月 16 日《罗马观察报》，8；同上，2023 年 4 月 12 日手谕，见 2023 年 4 月 12 日《罗马观察报》，8，另 in "*Communicationes*" 55, 2023, 61-65。

以教宗的名义，行使的，以履行审理职务；调查官与检察官的职务，则由检察院履行”(第一条)。

## 1) 司法组织结构

藉着 2020 年所制定的新司法条例，梵蒂冈城国的司法权结构通过三个等级的三种合议机关呈现出来，即：法庭、上诉法院与最高法院，然而新的组织结构并未涉及“独任审判官”这个相当于意大利司法体系中的“初审法官”机制。这一角色如今被理解为法院院长每年所指定的一位常规法官所履行的“职务”。不同审级都在国家法院中设有其工作场所。

组成梵蒂冈法官职务的合议庭享有圆满的司法权，并以教宗的名义，在不同领域，履行其职务。法院的司法权是唯一的，且无特化；包括民事案件、刑事案件；根据宗座劳动局章程的第 11 条的规定，也包括劳务纠纷；还有纪律性案件；此外也包括行政诉讼的裁判权，如此，法院院长可因其专长而将案件委托给个别法官审理。有关主席办公室侵犯他人权利之措施的诉讼，特别是在涉及到赔偿损失时，不再受 1929 年《基本法》第 15 条的限制了，这条法律阻止法官撤销或纠正所起诉的行为或措施。

2020 年的新法中另一个重要的新颖之处就是设立了调查官和检察官自主组织形式的检察院，检察官完全自主而独立地开展自己的工作，这也是 2023 年修改后所要求的。最初，检察官只能在初级诉讼中履行自己的职务，因为在上诉法院和最高法院中，这项职务是由并非属于检察院的自主法官来履行的。2021 年对《梵蒂冈城国司法条例》第 12 条引进的修改改变了这项规则，如此以来，“检察官得自主而独立地在诉讼的三个审级履行检察职和法律所赋予的其他职务”(司法条例，12-1°)。因此，教宗的手谕修正了《梵蒂冈城国司法条例》第 15 和 20 条的内容，如今这两条法律规定在上诉法院和最高法院的诉讼中，由一位检察官履行检察职务。

## 2) 法官的章程

2020 年司法条例的核心目的就是使梵蒂冈城国的整个法官团队职业化。事实上，自国家成立之初，法官的职务几乎是以荣誉的形式委托给了大学教授、专业人士或教会法庭的审判员，也是因为当时法院中诉讼行为相对比较少，而且几乎都是一些偷窃性的刑事案件和劳务纠纷。最近这些年，梵蒂冈法律在财务与刑事事务上的改革彻底改变了这种局面，案件的数量与复杂性有显著的增加，如此便要求提升专业水平和大量的投入。

因此，新法便在整个司法组织中设立了一个正式而固定的法官团队，其成员分布在负责审判的不同单位，而且还可以藉由每三年任命一次的其他助理法官来辅助，以应付在三个审级中偶然出现的需求。法院的正式法官基本上都是终身的，而上诉法院的法官则是每五年任命一次，最高法院则是每三年任命一次，但都是可以连任的。法律规定固定任命的正式法官至少得十三名，其中至少法院中有一位，检察院有一位，且是全职：但是这一规定由 2023 年所作的改革废除了。工资制也有原来的因担任职务而给予的“报酬”转变为经济待遇，但会考虑每个人的实际工作。

根据 2023 年的修改，“法官应由教宗任命，在履行职务时仅受法律约束。法官根据法律所规定的权限，并在权限内公正地行使其权力”(司法条例，2)。

《梵蒂冈城国司法条例》第 8§2 条列明了正式法官与助理法官的任命条件。他们应“优先从在编或退休的大学教授中选择，然后是从享有盛誉，且在司法领域或法庭工作——无论是刑事诉讼，还是行政诉讼——中有丰富经验的法学者中选择。无论如何，都应确保至少是一个在教会法领域比较专业的法官”。每位法官都有义务在最高法院院长前宣发誓言(参司法条例，5)。[266]

---

266 誓言采用了 1989 年法律所规定的格式：“我发誓忠于并服从教宗，忠信而勤勉地履行我的职责，并保守职务秘密”(第 5 条)。

所有正式法官在任职期间都享有梵蒂冈国籍，其人身、工作与所拥有的材料均享有保护和豁免权，这一点旧法中只保留于独任审判官。助理法官则不享有这种豁免权。

正式法官在司法年结束时年满七十五周岁者，应向教宗呈递辞呈，但只有在教宗接受其辞呈后，方可生效，教宗也可留任其至一定期限。非因年龄之故而呈递的辞呈，教宗的接受为使辞呈生效也是必不可少的，教宗也可暂时免除其职务，“凡证实不能胜任法官者，便不得履行职务”(司法条例，10-4°)。不管怎样，正如在2021年对司法条例所做的修订中明确指出的，“在正式法官的职务终止时，针对国民所规定的一切权利、医疗服务、救济和保障均得保留”。[267]

2024年3月第351号法案对司法条例的修改深刻改变了法官的个人地位，主要涉及薪酬方案、退休待遇和民事责任。关于民事责任，以及在“以欺诈或重大过失明显违反法律”的情况下，当事人可“仅对国家提起诉讼，以获得财产损失和非财产损失的赔偿。因此，赔偿诉讼不能针对单个法官提起，法官在任何情况下均由国家承担审判、代表和辩护费用”(司法条例，11-4°)。然后，在六个月的期限内，城国主席才可对法官进行追诉，除非有欺骗行为，否则该追诉行为不得超过法官在提出诉讼时所领取年薪的一半(司法条例，11-5°)。

### 3) 法院

梵蒂冈城国初级法院是由院长与其他四位正式法官组成，每次须由院长任命的三位法官组成之合议庭，各司其职，进行审理工作。直至2023年的改革，法院中至少一位成员应履行全职，既不能兼职，也不得从事持续性的自由-专业工作，但这样的规定如今已不再有效。

---

267 参：教宗方济各，《所出现的需求》手谕，2021年2月8日，第3-1°条，发布于圣座新闻处“简报”，Bo100，2021年2月16日。

法院院长每年应为每位正式法官分配如下四项职务：独任审判官、预审员、民事执行法官和刑事执行法官(参司法条例，7)。

院长拥有领导和指挥法院工作的职责，并主持秘书处的组织工作和法庭的审理工作(参司法条例，7)。法庭的审理工作应由一位秘书和一位助理秘书引导，以自己的工作协助整个审理组织工作，即使他们属于主席办公室人事部门，也可在咨询相关法院院长和检察官之后，依照主席办公室所制定的一般准则，被选派为法官秘书(参司法条例，25)。

在 2023 年对司法制度所进行的改革中，为了确保诉讼的顺利进行，增补了一些规定，其中“若在司法年度中，法院院长将要辞去其职务，教宗可任命一位助理院长，该助理院长辅助院长履行第七条所规定的职务，并拥有副职，在已预见持续超过一年的诉讼中，主持合议庭，在院长职务终止时，代行其职”(参司法条例，10-2°)。

此外，法院院长可自行将律师及其费用列入法院花名册。

### 4) 检察院

调查官和检察官职务的自主组织代表了新的司法组织结构上的主要新颖之一。随着新法的颁布，这种自主组织形式便以检察院的形式呈现出来，由检察官和另外两位正式法官——肩负着候补检察官的职务——组成，以自主和独立的方式，履行检察院的职务和法律所赋予的其它职责。其中一位法官应履行全职，所有人都应遵守为正式法官所颁布的条例，包括享有梵蒂冈国籍的特权。此外，法律上还规定，如有需要，可任命一位或多位助理检察官，所需条件与其他助理法官相同(参司法条例，12)。所以检察院也包括，根据 2021 年 2 月对司法条例所作的修正，在任何审级，履行检察官职务的法官。[268]

---

268 参：教宗方济各，《所出现的需求》手谕。

检察官主管领导和管理检察院的工作，为候补检察官分配工作和协调他们的工作。除了隶属于主席办公室人事部门的人事管理外，宪兵队的法警也属其管辖(参司法条例，13)。

### 5) 上诉法院

上诉法院是由一位院长和另外至少三位法官组成，所有成员均由教宗任命，任期五年，届满后可再被任命。上诉法院以由三位法官组成的合议庭方式审理案件，三位法官由法院院长逐案任命，在诉讼中各司其职(参司法条例，14-3°)。

到目前为止，虽然先前并没有法律明文规定，但上诉法院的组成实际上遵循了罗马圣轮法院的传统惯例，由圣轮法院院长作为合议庭庭长，另由两名圣轮法院审判员协助。现如今上诉法院的组成方式完全遵循职业法庭所具有的组织架构，只是由于案件数量比较少，而未要求法官全职工作，故此，法官的经济待遇也是由每年工作量的大小来决定的(参司法条例，18)。

上诉法院也可根据专有程序，审理针对梵蒂冈城国职员管理措施而提起的诉讼。此外，上诉法院也负责审理针对法院在有关公共议价与招标事务的诉讼中所做出的判决而提起的上诉。

在对上诉的审理中，检察官的职务应由检察院的一位法官履行(参司法条例，15)。

此外，与法院的正式法官不同，对上诉法院而言，更欲突出法官的五年任期(参司法条例，14-1°)。然而，需要明白的是有关上诉法院法官的人事条例与法院成员的条例相同，终止职务的条件也是年满七十五周岁，且当教宗接受其辞呈时方可有效，如若不接受，则其任期将会推迟(参司法条例，17)。与法院院长的相关规定相同，针对上诉法院也规定了，若在司法年度中，上诉法院院长将要辞去其职务，教宗将会任命一位助理院长(参司法条例，17-2°)。

### 6) 最高法院

直至 2023 年的改革，最高法院为梵蒂冈法院中唯一一个在成员组成上基本上与宗座法院连系在一起的法院，即与宗座圣玺最高法院相连。法院院长为宗座圣玺法院院长，另有两名圣玺法院成员枢机，两名成员均由院长任命，任期三年；另外，根据任命助理法官所规定的方式，还需任命至少两位助理法官，任期同样为三年(参司法条例，19)。

自 2023 年的《所出现的需求》手谕开始，“最高法院是由教宗所任命的四位枢机组成，任期五年，并由教宗从中指派一位担任院长，并由两位或更多法官担任助理，任期三年”，后者同样由教宗任命(司法条例，19-1°；1-2°)。为了确保诉讼合理的持续期，在法官受阻或其职务终止时，院长可任命一位候补法官，参与工作，并审理案件(参司法条例，19-2°)。

通常法院是以由枢机法官组成的合议庭的方式审理案件的；由于案件的复杂性，上述合议庭可由院长在法院所任命的助理法官中选择两位加入其中(参司法条例，19-2°)。检察官的职务由检察院的一位法官履行(参司法条例，20)。

最高法院的枢机成员在年满八十周岁，教宗接受其辞呈后，其职务便可终止，法律并未规定延迟任期（参司法条例，22)。正如其他审级的法院院长，针对最高法院，同样规定了在司法年度中院长若将辞去其职务时，应由教宗任命一位助理院长（参司法条例，22-2°)。

## 6.5 梵蒂冈城国的教会法庭

为了完善梵蒂冈的司法组织，在完成梵蒂冈法院改革的同时，教宗若望保禄二世另设立了一个教会法庭，根据教会法典 1401，在梵蒂冈城国内享有审理属于教会事务之案件。事实上，《对公民的司法保护》(*Quo civium iura*)手谕第 1 条指出，上述初级法庭是为“罗马教区处于梵蒂冈城国境内之辖区”设立的。法庭所在地“处于梵蒂冈城国法院所在同一大楼”(手谕第 4 条),案件的通知与执行均由法院行政人员为之。

教会法庭是由一位司法代理、审判员、检察员、契约辩护人和书记员所组成,均由教宗任命,任期五年。针对教会法庭的上诉,只能上诉至罗马圣轮法院,针对要求司法代理回避,则由圣轮法院院长裁定。至于该法庭的运作费用,如今由梵蒂冈城国代牧区负责,而审判员和职员则以公益的方式履行其职务。[269]

[269] 参:国务院,2020 年 12 月 7 日接见时的覆文,in “*Communicationes*” 52, 2020, 375-376。

# 第五章
# 梵蒂冈法律制度的渊源

## 1. 概述

梵蒂冈城作为主权国家的成立是为了确保罗马教宗的自主管理与独立，同时，也促成了独有的法律制度，而其特征则与城国的工具性密切相连。[270] 具体而言，若梵蒂冈为实现一个其他任何一个主权国家所具备的法律制度，首先应考虑自身的国体与宗旨，以及特有的国民和社会-经济的有限性。

### 1.1 梵蒂冈制度的技术性拟定：准则

正如我们在前面已经回顾的，教宗庇约十一世在核准《拉特朗条约》的同一天颁布了由帕切利律师和卡梅奥教授[271] 所拟定的六部法律，作为梵蒂冈城国法律制度的重要支柱。这些法律都是受实用性和平衡原则的启发，尤其是关于梵蒂冈城国法律的渊源，整个梵蒂冈法律体系都充斥着立法实用性的准则，并对梵蒂

---

270 参：F. Rovelli, *L'ordinamento interno dello Stato della Città del Vaticano*, in "Chiesa e Stato. Studi storici e giuridici per il decennale della conciliazione tra la Santa Sede e l'Italia" II, Milano, 1939, 45-66; C. Iannaccone, *I rapporti giuridici fra lo Stato della Città del Vaticano e lo Stato italiano secondo il Trattato del Laterano*, in "Chiesa e Stato. Studi storici e giuridici per il decennale della Conciliazione tra la Santa sede e l'Italia", Milano 1939, 5-49; P.A. D'Avack, *Vaticano (Stato della Città del)*, in "Novissimo Digesto Italiano" XX, Torino, 1975, 574-587; W. Schulz, *Città del Vaticano (Stato della)*, in "Digesto delle discipline pubblicistiche" III, Torino, 1989, 110-112; M Tedschi, *Vaticano (Stato della Città del)*, in "Enciclopedia del Diritto" XLVI, Milano, 1993, 284-296; G. Dalla Torre, *Vaticano (Stato della città del)*, in "Enciclopedia giuridica" XXXII, Roma, 1994, 1-13; C. Cardia, *Principi di diritto ecclesiastico*, Torino, 2002, 236-255。

271 参：F. Cammeo, *Ordinamento giuridico dello Stato della Città del Vaticano*, Firenze 1932。

冈城本身的法律背景做了现实主义的适应。[272]关于法律渊源的次序，由这六部法律所形成的整个法律体系的关键则是第二号法案：《渊源法》，[273]除了部分内容废除外，这部法律一直有效，直到由2008年颁布的新《渊源法》取代为止。

因此，藉着《渊源法》，梵蒂冈法律的法律秩序很大程度上是在“参考”其他法律制度的这种技术基础上得以建立，[274]虽然有些情况，与其说是参考，倒不如说是一种真正的“采纳”。事实上，根据这种技术手段，梵蒂冈法律制度既采纳了过去的法律，也吸收了现行的且主要存在于教会法和意大利国法中的法律。[275]《渊源法》与上述法律所建立的关系并不是同类的，因此从注释学角度来看，“采纳”与“参考”所呈现的是两种既复杂，又有区别的技术手段。随着这些困难的不断增加，为了保护本有法律制度的身份与特质，梵蒂冈法自一开始面对所采纳的法律便采取了预防手段，即：为法官们在参考和采纳其他法律时，制定了一些所应遵守的规则，至于这一点我们将在后面详述。

自1929年至今，梵蒂冈法律也经历了显著的演变和发展，在不同的领域都拥有了自己的法律，即梵蒂冈民法立法者所颁布的法律。因此，藉着这类立法措施的干预，1929年的《渊源法》事实上也就逐渐地变得不合时宜，其中近乎一半的内容已被废

---

272 有关这些法律的筹备工作，卡梅奥指出，“为筹备新成立的国家的法律体系所留下的时间已时日不多：事实上，为了判断一旦颁布了为落实条约和政教协定必不可少的法律，在意大利将会发生什么，除了做些初步的研究之外，还应考虑到从1929年2月11日到6月7日至今仅仅有四个月的可用时间”（F. Cammeo, *Ordinamento giuridico…*, cit., 172）。

273 Pio XI, Legge n. II, del 7 giugno 1929, *sulle fonti del diritto*, in AAS Suppl. 1 (1929) 5-13。

274 对此不同的意见，请参：F. Cammeo, *Ordinamento giuridico…*, cit., 174；P. Ciprotti, *Appunti di Diritto privato vaticano*, Roma, 1938, 27；J. Miñambres, *La remisión de la ley canónica al derecho civil*, Roma, 1992, 13ss。

275 参：F. Cammeo, *Ordinamento giuridico…*, cit., 172。

除，直至 2008 年新的《渊源法》的颁布，完全取代了旧法。[276]

此外，在这近八十年的时间内，1929 年的法律中一些重要的术语也得到了修改：首先，在颁布法律时所参考的意大利法律已经做了重要的修订；其次，意大利国本身的结构已不同于 1929 年时的国体；最后，如今在国际背景下，在不同法律制度之间存在着相互关联，且不可视而不见，然而当初并不存在这种关联。

尤其是在这一时期教会法也发生了重大的变化，而教会法也极大地影响着梵蒂冈法。梵蒂冈城国是在 1917-1918 第一部正式的教会法典刚刚颁布十年后成立的，因此，梵蒂冈最初的法律受到教会法及其神学构思和法律技术的影响，也是可以理解的。然而，这种构思与技术手段已遭到了 1983 年《天主教法典》的颠覆，因为这部新法典是受梵蒂冈第二届大公会议教导的启发编纂而成的，且对梵蒂冈城国的法律制度产生了不可回避的影响。

最后，随着时间的流逝，最初在本有法律中可能存在的漏洞和疑问等这些困扰着梵蒂冈立法者的问题已经被克服，也正是这些问题迫使梵蒂冈法律对意大利法律做了大量参考，虽然是以补充的方式进行参考，但也凸显出了梵蒂冈法律的严重不足。如今已不同往日：法律的不足之处越来越少，对意大利法律的参考与援引也在很大程度上得到减少，梵蒂冈的法律制度和体系已得以巩固且拥有自己的特质。

但是，在这些变化背后，却揭示了梵蒂冈法律制度的《渊源法》最初的构思十分有远见，在世代更迭和社会变迁中，依然发挥着指导作用。

---

276 参：Pio XII, m. p. *Con la legge* del 1° maggio 1946, in AAS 38 (1946) 170-172; Paolo VI, Legge n. XII *sul diritto di autore*, art. 3, del 12 gennaio 1960, in AAS Suppl. 32 (1960) 45-46; Paolo VI, Legge n. L, del 21 giugno 1969, *che modifica la legislazione penale e la legislazione processuale penale*, art. 44, in AAS Suppl. 41 (1969) 13-26。

## 1.2 2008 年的《渊源法》

1929 年的第二号法案《渊源法》最终由教宗本笃十六世在 2008 年 10 月 1 日所颁布的《渊源法》所取代。[277] 新法呈现出了对旧法的更新，且已不是建立在新前提条件上的法律。[278] 简短的“序言”强调了取代 1929 年旧法的适宜性，特别是对 2000 年 11 月颁布《基本法》的适应。[279]

首先，需要说明的是，新《渊源法》所做的选择和相对 1929 年的旧法所做的改变事实上并未破坏圣座藉着《拉特朗条约》针对意大利应有的责任：新法与意大利法律的新型关系来自于主权的自主选择和法律背景的改变。事实上，《渊源法》第 3§2 条将上述《拉特朗条约》明确地列为参考法律的“有限条款”。

更确切地说，1929 年的《渊源法》明确了三种适用于梵蒂冈城国的法律，基本上一直持续到今天。首先是教会法，其次是立法者特别为梵蒂冈城颁布的法律，二者都被视为“客观法的主要来源”(渊源法，第 1 条)。作为第三种法律和补充性来源，法律也规定意大利法律的适用性，但并不是所有法律，而只是法律条文明确指出且有效的条款，且仅在法律所做的限制与所规定的情

277 参：本笃十六世，第 71 号法案《渊源法》，2008 年 10 月 1 日，《宗座公报》附录 79(2008)65-70。另参：P. Gallo, *Rapporti tra diritto canonico, diritto vaticano e Curia romana. Le recenti riforme adottate dalla Santa Sede in materia penale ed economico-finanziaria*, Roma 2020, 181 ss。

278 参：J.M. Serrano Ruíz, *In vigore la nuova legge sulle fonti del diritto*, in “L’Osservatore Romano” del 31 dicembre 2008, 7。另参 P. Colella, *Brevi note in teme di vigenza delle leggi italiane nello Stato della Città del Vaticano*, in “Stato, Chiese e pluralismo confessionale”, gennaio 2009; S. Attolino, *Profili problematici della legge vaticana n. LXXI/2008 sulle fonti del diritto*, in “Stato, Chiese e pluralismo confessionale”, aprile 2010, 15。

279 参：若望保禄二世，《梵蒂冈城国基本法》，2000 年 11 月 25 日，《宗座公报》附录 71(2000)75-83。

况下适用。[280]

针对这三种法律，新《渊源法》又补充上了第四种适用法律：即是国际性的法律，虽然这种法律通常并不是直接的法律来源，但是却要求梵蒂冈城国的本有法律使之变成可落实的法律。因此，从这种方式上来说，新的《渊源法》赖以出现的国际背景已完全不同于 1929 年了，且力求反应出双边关系和多边关系多样性的具体经验，这是先前所没有的。

事实上，圣座和梵蒂冈城国如今各自以不同的名义参与国际体系和团体的多元性，进而也遵守所做的国际承诺；因此，与 1929 年的旧法不同，如今的新法一开始便肯定："梵蒂冈法律与国际普通法保持一致，并根据国际法，圣座签署了多项条约和其它协约"（渊源法，第 1§4 条）。[281] 在此所提及的国际法并不是作为梵蒂冈法律的渊源，而是梵蒂冈法律努力遵守的对象。遵守国际法的唯一限制就是教会法对此所做的相关规定。

---

280 参：A. Gianfreda, *La legge sulle fonti dello Stato della Città del Vaticano del 1 ottobre 2008: prime note*, in "Quaderni di Diritto e politica ecclesiastica" 2, agosto 2008, 365-387; W. Hilgeman, *La nuova Legge sulle Fonti del Diritto dello Stato della Città del Vaticano. Prime note ed osservazioni*, in "Apollinaris", 83, 2010, 43-84; P.A. Bonnet, *Le fonti normative e la funzione legislativa nello Stato della Città del Vaticano*, in "Archivio giuridico" 229, 2009, 457-559; A. Sarais, *Le fonti del diritto vaticano*, Roma 2011; Idem, *Alcuni cenni circa i rapporti tra diritto canonico e fonti del diritto vaticano*, in "Iura orientalia" 9, 2013, 208-232; A. Vitalone, *Il Pontefice sovrano dello Stato della Città del Vaticano*, in "Diritto e Religione", 2007, 307-336. Sul diritto vaticano come disciplina autonoma, vedi G. B. Varnier, *La costruzione del diritto vaticano: il contributo della dottrina*, in "Diritto e religioni", 27, 2019, 197-200; M. Carnì, *La nascita di una nuova disciplina. L'Archivio e il Diritto vaticano*, in "Archivio giuridico" 151, 2019, 169-183。

281 参：V. Buonomo, *Considerazioni sul rapporto tra diritto canonico e diritto internazionale*, in "Anuario de derecho canonico", 4, 2015, 37 ss。

事实上，这样做是为了回避将国际法仅作为一种笼统的参考，这也符合教会法典第 22 条，其中这样规定：“教会法中所涉及的国家法律(特别指圣座所签署的条约和协约)，只要不违反神律，就应在教会法中遵守，并有同样的效力，除非法典另有说明”。[282] 总之，在圣座所签署的国际公约中，1929 年的《拉特朗条约》始终占居着优先地位，它的规定事实上代表着采纳其他国际法律的“限制条款”。[283]

尽管需要由梵蒂冈的本有法律来落实国际法，但所提到的国际法本身便代表着国家法律的参照点。事实上，这些法律已被梵蒂冈法所采纳，无论是在落实国际文件时藉其来施以干预，还是因为在签署国际公约时藉以授权。

上述国际法依其各自的性质融合于梵蒂冈法，而各自的性质则有所不同：比如说，若是圣座与其他国家签署的政教协定，那么其内容在梵蒂冈法当中的效力是藉由教会法而发挥的；如果是梵蒂冈城国加入了某项国际公约，那么其规定将藉由梵蒂冈城国特别的民事法律才能发挥效力。

## 2. 教会法：首要来源和第一解释准则

《渊源法》的第 1-1°条指出：“梵蒂冈法承认教会法为其法律首要来源和法律参照的第一标准”。对教会法的这种指涉显然不同于 1929 年《渊源法》对教会法的指涉，这是出于不同的原因：首先，现在所使用的“承认”这个术语表达了梵蒂冈城国与教会法之间所存在的不可避免的关系，而先前并无这种关系；其次，也承认教会法是梵蒂冈城国在社会塑造过程中的必要需求，事实上也的确如此。

---

[282] 参：W. Hilgeman, *La nuova Legge sulle Fonti del Diritto dello Stato della Città del Vaticano. Prime note ed osservazioni*, cit., 64。

[283] 参：《拉特朗条约》，3§2；另参：G. Dalla Torre, *Lezioni di diritto canonico*, Torino 2018, 78。

## 2.1 首要来源身分的解释性运用

若将教会法完全视为“另一部”法律的简单“参考”，那么梵蒂冈城国的特殊性质便会为此带来很多的问题，因为教会法相对梵蒂冈法而言并非是不相干的“局外人”，而是一项构成因素，虽然各自具有必要的自主性，但却是梵蒂冈法必不可少的一部分。[284] 事实上，虽然也接受教会法能够部分地解决梵蒂冈城国法律上的需求这一事实，但是梵蒂冈法已然完成了对教会法完全吸纳或将其本有化。[285] 当教会法完全适用于梵蒂冈城国的具体情况时，便是一种完全的采纳：“这是梵蒂冈城国的典型特征：所有适用于现实的教会法事实上就如国家的法律在发生效力”。[286] 但是，并不只是成文的教会法：我们将会发现，也包括教会法的原则和解释准则在梵蒂冈同样有效。

再者，如今将教会法视为“法律的首要来源”，并非只是对具体法律条文的参照，正如 1929 年的旧法，其中只是提到了《天主教会法典》(*Codex iuris canonici*)和教宗颁布的宗座宪章：然而，如今所提到的是整个教会法。[287] 因此，《渊源法》所采纳的是教会的整个法律体系。[288]

---

284 参：F. Cammeo, *Ordinamento giuridico*…, cit., 174。
285 同上，cit., 179。
286 同上，cit., 202。
287 “新《渊源法》所使用的表达方式，即对『承认』这个术语运用，并非出自偶然。它指出了教会法的优先性，因为教会法相对应梵蒂冈城国法律渊源而言，与其是共性的。事实上，并非因为已立法说教会法是梵蒂冈法的『首要来源』；从这种意义上来说，《渊源法》相对梵蒂冈法的效力与价值来说，仅有声明的效力，且仅限于承认其具有基本法的价值”（W. Hilgeman, *La nuova Legge sulle Fonti del Diritto dello Stato della Città del Vaticano. Prime note ed osservazioni*, cit., 60, nt 77）。
288 “作为必然的结果，在梵蒂冈城国，无论是教会教导关于教会权力与民事权力之间的关系，还是城国与圣座之间的有机性和真实而不可分的结合，抑或是非宗派性原则，教会法完全有效。如果教会法不能产生效力，那么梵蒂冈城国将不再是它原本是的样子，其性质就其本身而言，这种变化也反映了对 1917 年教会法典颁布后所出现之不可避免的实证主义的克服。现在所持的观念已更好地融入教会法传统，同时也拒绝承认成文法的绝对主导地位，并指出“法律”就如同是媒介，应在具体情况中找寻，正如众多重要因素在具体情况下共同作用所产生的结果一样。

因此，梵蒂冈法的首要来源就是包括其所有重要法律要素在内的整个教会法，除了神律之外，也包括“教会法的一般原则”和其它的教会法(不只是宗座宪章)，以及以不同方式出现在上述教会法中的合法关系和法律立场。

然而，以这种方式对教会法的接纳也会为梵蒂冈法律渊源体系增添新的复杂性，因为需要意识到在最近十几年，由于现存的两部教会法典(拉丁教会法典和东方教会法典)[289] 和教会法渊源的多样性(主教团、教区主教等)，以及因梵二后有关主教圣秩的神学所促生的地方教会法，[290] 教会法的条目也日益增多。

此外，指涉“整个”教会法的这个事实也就意味着“原则上，只有在教会法对某事务没有具体规定，或因无管辖权，意即在纯世俗事务上，或因选择公共秩序，诸如对民法的采纳(参教会法典，22)，才会求助于其它法律来源”。[291] 总之，只有在排除了对首要来源的适用性之后，才能合法地参考其它法律渊源。

---

将会改变”（参：F. Cammeo, *Ordinamento giuridico…*, cit., 175；另参，P. Ciprotti, *Appunti di Diritto privato vaticano*, cit., 25）。

289 参：若望保禄二世，cost. ap. *Sacri canones* che promulga il *Codex Canonum Ecclesiarum Orientalium*, del 18 ottobre 1990, in AAS 82 (1990) 1033-1044。

290 参：J. I. Arrieta, *L'ordine giuridico del Collegio episcopale*, in “Ecclesia et Status” Studia in honorem Prof. Josephi Krukowski, Lublino 2004, pp. 289-303。另参：Idem，*Diritto dell'organizzazione ecclesiastica*, Milano 1997。

291 G. Dlla Torre, *Diritto penale vaticano e Diritto penale canonico*, in “Annali di Diritto Vaticano”, 2015, 11-31。

对此还应补充的一个事实就是，教会法拥有自己的技术与原则，且关乎到法律秩序的各个领域。这也就意味着教会法拥有自己的法律来源和可直接适用于梵蒂冈法的法律阐释原则。同样，教会法也拥有自己的诉讼制度与刑法制度，所遵从的原则很多时候并不同于国法，对于财产的管理也有具体的准则。因此，似乎可以总结说，教会法的整个诠释与概念体系均可根据《渊源法》第 1-1°条而融合于梵蒂冈法当中。[292]不同的梵蒂冈法律对教会法一般原则的指涉并不是在肯定教会法的优先性和重要性。

但是，不管怎样，将教会法的一般原则直接地运用到梵蒂冈法当中在其本质上拥有明显的局限性，因此，为了使教会法的原则与准则发生效力，仍需要针对梵蒂冈城国的性质和社会需求所制定的梵蒂冈特别法。这些特别法不仅应尊重教会法的一般原则，而且也应与其相符，因为在这种一致性当中，从法律上来说，包含着梵蒂冈城国特有身份的特质。

## 2.2 首要解释准则身分的解释性运用

2008 年的《渊源法》指出教会法是“解释参照的首要准则”——在 1929 年的旧法中并没有这种表述——意在说明现在的梵蒂冈法中所具有的另一个重要的新颖点，针对将意大利法作为法律来源的做法来说，也是如此。1929 年的旧法对此的沉默促成了理论上的鲜明对比。卡梅奥认为对所采纳的意大利法律的解释需要遵从教会法原则；然而齐普洛迪(Ciprotti)则认为对于所采纳的法律，应根据各自相应的法律制度来对其进行解释。[293]

---

292 Ciprotti 则持相反意见，他认为教会法的诠释与概念体系仅适用于对教会法的解释，而不能用来解释梵蒂冈的民法(恰恰是因为一个的民法，而另一个则是教会法)，更不能用来解释作为梵蒂冈法的补充性法律的意大利民法(参：P. Ciprotti, *Appunti di Diritto privato vaticano,* cit., 47 ss)。

293 参：F. Cammeo, *Ordinamento giuridico...*, cit., 177; P. Ciprotti, *Appunti di Diritto privato vaticano*, cit., 42。另参 J. Landete, *La fuentes del derecho vaticano*, in “Ius Canonicum” 98, 2009, 628-629；G. Boni, *I*

新《渊源法》指出了解释准则，同时也解决了与规则——根据此规则，也应在所采纳的原法律制度中发现解释性要素——进行调和的问题；事实上，为了保存法律制度的身分，新准则也为《渊源法》第3§3条所提供的保障带来了一个附加性的“过滤器”，所以遵守这种解释准则的义务代表着对梵蒂冈城国立法者的一种明确限制，进而在立法时，便不得不遵从教会法所指定的方向。

《渊源法》第4条列出了一个题材表，其中梵蒂冈法应以教会法为基础，意在将对意大利民法典的总体参考排除在外。

## 2.3 教会普通法在梵蒂冈法中的效力

现在我们来谈论一些具体问题，首先，《渊源法》第1条就概述了《天主教法典》第一卷在梵蒂冈法律中所获得的效力。因此，那些规定了教会法技术范围的总则也就为梵蒂冈法律体系提供了确立其特性、解释和运用法律来源的法律性总框架。[294]

因此，教会法典第7条及其之后的几条均适用于梵蒂冈法，具体来说就是有关法律的颁布、不溯及既往性、否定效力的法律条款明确的要求、法律一般的属地性与强制性、法律疑义的排除、无知与错误重要性的限制、解释法律的权威等级、法律原文本义的重要性、约束性法律的狭义解释、解释梵蒂冈法可利用的补充性来源，以及优先律和法律的撤销等。

类似的还有关于习惯和其它具有一般特征的法律措施：根据我们在第二章当中所做的阐述，关于在梵蒂冈居民中形成真实习惯的能力，梵蒂冈法直接采纳教会法典所做的相关规定，具体而言，法典23只有立法者批准后的习惯方可有约束力，与现行法

---

*rapporti tra ordinamento giuridico vaticano e ordinamento canonico: tra corretta configurazione ab intra e possibili travisamenti ab extra*, in “Jus”, 116, 2019, 45-89。

294 参：J. Errázuriz, *Corso fondamentale sul diritto nella Chiesa*, I, Milano 2009, 130 ss。

律相抵触的习惯也是如此(参法典 26)，法典 27 则明确了习惯对法律的解释作用。[295]

最后，有关第二等级教会法的准则，诸如普通法令和训令(参法典 29 及之后)，以及章程和规则(参法典 94-95)，也相当于梵蒂冈法。

## 2.4 法律行为和治权行为

此外，只有没有明显的不兼容性，有关法律行为的教会法，无论是关于执行权的法律行为或行政行为，还是建立在自主意愿上的法律行为，也就是法典 124 及其之后的法律内容，均属于梵蒂冈法。

特别是法典 35 及之后几条论及个别行政措施的法律，除了明确不同的法律或不适用于具体情况的法律外，均被视为在梵蒂冈法律中也有效力。具体来说，这几条法律规定了行政措施的书面要求、合法性与法律性之间的关系，以及简述法令动机的要求。具体事务或环境决定了是否颁赐特恩(参法典 76ss)或给予豁免(参法典 85ss)。事实上，《渊源法》在提到教会法典 76§2 时，明确地接受长时间地拥有某项特恩便假定了其合法授予，这就意味着对给予特恩这项措施的明确接纳。

同样，关于法律行为的结构，在梵蒂冈法律当中也应遵守教会法典 124-126，有关梵蒂冈集体性机构的行为意愿的形成，则应遵守法典 119。最后，关于咨询意见的原则和范围，以及咨询意见对法律行为的有效性所产生的影响，则应遵守法典 127。

## 2.5 法律主体

教会法有关自然人与法人的相关规定对梵蒂冈法具有同样的效力，然而为了澄清国家法律对自然人之概念的要求，并为了

295 对此请参：G. Comotti, *La consuetudine nel diritto canonico*, Padova 1993。另参 F. Cammeo, *Ordinamento giuridico*…, cit., 257-260。

使法人的概念获得更大的法律能力，而不仅仅只限于法典所考虑的纯宗教性目的，还需要进一步的澄清与明确。

事实上，教会法有关自然人、年龄、住所、血缘关系等概念毫无疑问地也适用于梵蒂冈法，除此之外，还有法人、善会、公立或私立基金会等概念也同样适用；教会法典 96 有关教会中的人的概念则不具国家组织所要求的普遍性，因为事实上这个概念的目的是为了明确在教会内的权利和义务的主体或领衔者，这个概念与“基督徒”的概念一致，也就是说，领过洗的人，而不是日常用语中的“自然人”，但是教会法却不能对其所具有的法律幅度视而不见，正如教会训导所明确要求的。[296]

同样，有关法人及其根据教会法应有的特别宗教宗旨的法律(参法典 113)，藉着有助于达到其它与国家目的相符的宗旨，也在梵蒂冈法中得到了补充。事实上，梵蒂冈城国也承认并接受法人资格的常规注册，无论是民事法人资格，还是教会法人资格，二者在梵蒂冈城内都享有圆满的权利。

至于法人，在梵蒂冈城国内，教会法将藉着其它有关善会和基金会的更为特别的法律进行整合与补充，也就是教会法典中第 113 条及其之后几条的相关规定。

## 2.6 行政机构的要素：治权与职务

在狭义的技术范围内，有关形成教会机构的两项法律要素的法律规定也适用于梵蒂冈法，即：关于治权(参法典 129-144)和教会职务的法律(参法典 145-196)。在梵蒂冈城国政府和对相应公共职能的行政管理中，从狭义上来说，并不像在教会组织上那样，反映出教会的圣统制。因此，在梵蒂冈城国的法律中，并未

---

[296] 参：J. Errázuriz, *Corso fondamentale sul diritto nella Chiesa*, I, cit., 187 ss.; J. Otaduy, *Quién es persona en derecho canónico*, in “Fidelium iura” 11, 2001, 65-87。另参 G. Lo Castro, *Il soggetto e i suoi diritti nell'ordinamento canonico*, Milano 1985。

采纳诸如法典 129§1[297]——即：将治权保留于圣职人员——那样的法律，因为教会法事实上所涉及的是神权的行使，而梵蒂冈城国所行使的却不是神权：实际上，最初城国主席的职务是由平信徒担任的。

教会法有关治权的规定旨在明确名衔、副权或代权的行使与限制，这些作为具有实用性的法律，也有助于说明梵蒂冈立法权、执行权与司法权的行使与教宗的关系。

与此类似的还有“教会职务”的概念，这个概念对确立公共职能和行政机构来说是基本的要素(参法典 145ss)。教会法对教会职务及其不同形式和职务的丧失所做的规定，对梵蒂冈法来说，也是不可或缺的参照，且应纳入包括在其它法律规定中的梵蒂冈特别法之内。

## 2.7 对处于梵蒂冈境内之教会机构的适用

处于梵蒂冈城国境内的一切教会机构直接受教会法管辖，但同时也应遵守梵蒂冈城国的相关法律，并受城国政府相关当局的管辖。

事实上，在梵蒂冈城国内也有些教会机构，诸如教堂和堂区、神职修会、司铎寓所、修会会院、基金会和善会，以及为了给予梵蒂冈城国牧灵照顾而设立的代牧区和教会法庭。上述每个机构都拥有各自依教会法所制定的章程和规则，而梵蒂冈法律也将其吸纳为自己的法规，因此梵蒂冈城国的政府机关也应遵守这些法规，在教会法有所要求时，也应给予尊重，作为梵蒂冈的教会法庭，凡在梵蒂冈境内出现的诉讼案件，均属此法庭管辖。[298]

---

297 显然，在梵蒂冈城国境内的教会机构——堂区、修会等——则除外，这类机构并不属于城国政府机关，而是完全遵从教会法的机构。

298 参：A. Sarais, *Alcuni cenni circa i rapporti tra diritto canonico e fonti del diritto vaticano*, cit., 218。关于教会法庭，则参：m. p. *Quo Civium iura*, del 21 novembre 1987, in AAS 79 (1987) 1353-1355。

在梵蒂冈城国内还设立了一个教会法人登记处，以确保具有法人资格的实体在其法定工作内自由行事，凡是在其成立时依法拥有法人资格的实体或机构，均应在此登记。

## 2.8 根据《渊源法》保留于教会法的事务

《渊源法》第 4 条将某些具体事务保留于教会法，并使其不受意大利法的约束，且免除梵蒂冈立法者的自主干预；正如自一开始权威理论所支持的，法律对此类事务并不具约束性。

首先，就是拥有梵蒂冈国籍的神职人员和修会会士的法律资格或能力，这种资格直接由教会法来规范。具体而言，这种保留所涉及的是这些人完成法律行为和在活着时或在临终时能够完成法律行为的能力或资格(参渊源法，4)。

其次，教会法中的整个婚姻制度在梵蒂冈也得以保留，不仅包括与婚姻本质、性质、结婚能力、阻碍与限制、有效合意的表达等相关的法律，也包括与举行婚姻的仪式、补救、分居和无效婚姻的宣布，以及与此相应的程序等相关的法律。因此，虽然《渊源法》第 4 条并未提到，但教会法有关家庭的权利(亲子关系、父权、教育等)的规定在梵蒂冈城国内亦然适用。

《渊源法》第 4 条还引证了法典 197-199 和 1268-1270，有关教会财产的规定，以及根据法典 76§2，因对某项恩惠长时间的拥有，便可推定其合法性。

最后，《渊源法》第 4 条也委托教会法来规范“因死亡原因而将遗产赠给慈善事业和为此所做的馈赠”，即法典 1299-1300 和 1308-1310 所做的规定；事实上，这里所做的是最起码的指示，换言之，适用于梵蒂冈城国的教会法，除了上述这些规定，从更广的意义上来说，法典第五卷有关管理教会财产的法律，均适用于梵蒂冈。

### 2.9 教会法在梵蒂冈法其它特别领域的有效性

总的来说，梵蒂冈法在不同的法律领域应与教会法的原则与准则保持一致，因此，可直接运用教会法，或至少运用构成教会法的要素来进行解释；这一点在财产领域、诉讼领域和刑法领域尤为重要。

至于财产方面，需注意对教会财产的管理应遵从教会法典第五卷有关教会现世财产所做的规定，这些法律无论是对梵蒂冈的相关机构，还是对处于梵蒂冈境内，并肩负着管理教会财产的实体来说，均有效力。然而，在大多情况下，除了教会法所做的一般规定外，也应遵守为梵蒂冈城国或为圣座在此领域所颁布的特别法，这些法律是在教会法传统上为管理财产所制定之准则的启发下制定的。

由《渊源法》第1-1°条所加于的教会法解释准则，也关乎到《刑法典》和《刑事诉讼法典》所涉及的相关事务，并分别在第7和第8条再次涉及。相关规定自1930年之后在意大利境内已不再有效，因此在原始的法律中便缺乏解释性的关系，进而便需要在梵蒂冈法律体系中寻获。当然，在这种情况下，以教会法进行解释时，应考虑到刑法与刑事诉讼的不同性质，在刑法领域，由法典 18 所规定的对法律的解释原则，在解释法律时便没有太大空间；然而在刑事诉讼领域，问题就变得有所不同。事实上，比如说，梵蒂冈法官在尊重秉公审理原则的情况下，公平对待双方和保证辩护权的同时，不能逃避教会法典所指定的要求，例如法典1608的规定。

## 3. 梵蒂冈城国特别法概述

除了上述我们所阐述的教会法外，《渊源法》第1条也将“《基本法》和由教宗与宗座委员会，或教宗授权行使立法权的其他当局为梵蒂冈城国所颁布的法律”视为梵蒂冈法的主要来源。

总而言之，这就意味着任何由国家合法当局制定的普通法，包括圣座出缺期间由枢机团所颁布的法律，或由城国主席以紧急形式所颁布的法律，均为梵蒂冈法的主要来源(参基本法，11-2°)，正如《渊源法》第1-3°条明确提到的，除了上述所提到的狭义的法律之外，次要的普通法规也同样是梵蒂冈法的主要来源。

2008年的新《渊源法》对梵蒂冈法进行了等级化，之前从未这样明显过。事实上，与旧法不同，新法明确地将在法案次序之外颁布的《基本法》与其它为梵蒂冈城国所颁布的法律区分开来，并强调了它的显要地位和在整个梵蒂冈法律体系中的等级。[299]然后，作为一个新颖点，《渊源法》还提到了第二等级的法律来源："法令、规则和一切其它依法颁布的法律"(渊源法，第1-3°条)，按法律等级排在《基本法》之后(参基本法，7；9-4°和11-1°)。

另一个重要的问题就是关于存在于两个主要来源——即教会法与为梵蒂冈颁布的法律——之间优先等级。虽然《渊源法》第1条将为梵蒂冈城国特别颁布的法律排在了教会法之后，位列第二位，但需要提醒的是，一旦颁布，只要是同一等级的法律，而所涉及的问题也并非仅受教会法约束，上述法律便优先于教会法。这种优先性并不意味着梵蒂冈民法的"法律效力"相对教会法而言所享有的特权，[300]而是教会法本身的一种要求，因为根据博尼法爵八世的格言："特别法优先普通法"(*generi per speciem derogatur*)。[301]

---

299 参：P. Parolin, *Normativa vaticana e controllo di conformità canónica*, in "Studi sul diritto del governo e dell'organizzazione ecclesiastica, in onore di Mons. Juan Ignacio Arrieta", Venezia 2020, 1443-1453 ； W. Hilgeman, *La nuova Legge sulle Fonti del Diritto dello Stato della Città del Vaticano. Prime note ed osservazioni*, cit., p 62。

300 这似乎是卡梅奥的观点，参：F. Cammeo, *Ordinamento giuridico…*, cit., 170。

301 参：法典20；1917年版法典22。事实上，应推定由梵蒂冈立法者颁布的法律与教会法体系的关键要素并不矛盾。

关于梵蒂冈城国法律的颁布，应以《渊源法》第2条所指定的方式，通过载于《宗座公报》的“附录”中而公布，但在特殊情况下，法律另有规定者除外。相对1929年《渊源法》第2条规定来说，针对第二等级的法律、普通法令、规则和指令的颁布方式，新法却保持了沉默，虽然旧法也并不是始终得到遵守，但对整个法律体系的明确和认识来说却极为实用。事实上，特别紧要的法律是通过《罗马观察报》来公布和颁布的，甚至在梵蒂冈城国公共地方的“布告栏”上公布，比如圣达玛森院墙或城国主席广场。

最后，根据习惯，法律也会由其日期和“以每位教宗任期内的罗马数字序数”(渊源法，2-1°)来标明，但2000年的《基本法》除外。法律的生效日期则是“法律公布后第七天，但法律另有规定者除外”(渊源法，2-2°)，同时也应载录于主席办公室的档案中(参渊源法，2-3°)。

## 3.1 法律参考的修改

最近这十几年的法律经验表明梵蒂冈城国法律制定的一个重要部分就是引进作为补充的意大利法律的部分修改，诚然，对刑法典和刑事诉讼法典的立法干预特别多，藉以废除某些规定，或与国家性质不符的法律，但并未完全改变对相关法典的采纳。

为梵蒂冈城国重新制定的民法促成了1929年第二号与第六号法案的发展，并使其更符合梵蒂冈真实的法律生活。在此只需列举几部法律便足以说明，诸如重要的经济法、不同的货币法[302]，还有在司法、国务和公证等事务上的税收，[303]以及与管理工作、

[302] 最近的则是2009年12月17日的《梵蒂冈城国与欧盟的货币公约》。

[303] 参：宗座梵蒂冈城国委员会，Legge n. CCCLXXII del 28 dicembre 2001, *sui diritti in materia giudiziaria, di segreteria e di notariato*, in AAS Suppl. 72 (2001) 131-140, modif. con Ordinanza n. XVII del 28 dicembre 2005, in AAS Suppl. 76 (2005) 93-99。

卫生部门[304]、交通[305]、文化财产[306]等不同领域相关的法律，特别是劳动法。

至于民法，1929 年的《渊源法》第 11 条规定应参考 1865 年的《意大利民法典》，所做的修改仅限于为了符合利率和为了在公证事务上进行适时的改变在不同时期所做的变更；[307]此外，2008 年的《渊源法》有关对民法典的参考，则是 1942 年意大利颁布的另一部法典，同时也取消了梵蒂冈立法者在此之前所颁布的相关法律。

关于劳动法，最近这十几年也做了重要的修订，现如今已成为独立的法律体系，且适用于直接由圣座管理的教会核心实体辖下的所有职员。

## 3.2 梵蒂冈城国《民事诉讼法典》

梵蒂冈城国曾经历的最庞大的立法任务很可能就是 1946 年颁布了自己的一部《民事诉讼法典》，在前面的章节中略有提过。

梵蒂冈城国的教会法庭与民事法庭之间的区别自一开始便呈现得有些棘手，这也是因为那些年的教会法不允许有其它可能的存在。1929 年的《基本法》曾采纳了一套混合的法律体系，并

---

304 参：宗座梵蒂冈城国委员会，Decreto n. CCLXXVII del 12 giugno 1997 che promulga il *Regolamento della Direzione dei Servizi Sanitari*, , in AAS Suppl. 68 (1997) 43-66。

305 参：宗座梵蒂冈城国委员会，Legge n. LXII, del 22 giugno 1970, *sulla disciplina della circolazione stradale*, in AAS Suppl. 41 (1970) 17-26。

306 参：宗座梵蒂冈城国委员会，Legge n. CCCLV del 25 luglio 2001, *sulla tutela dei beni culturali*, in AAS Suppl. 72 (2001) 39-47；宗座梵蒂冈城国委员会主席，Decreto n. CCCLVI del 26 luglio 2001, con il *regolamento per l'esecuzione della legge sulla tutela dei beni culturali*, , in AAS Suppl. 72 (2001) 51-55。

307 参：宗座梵蒂冈城国委员会，Legge n. CCCXCIII del 28 novembre 2002, in AAS Suppl. 73 (2002) 85-86, che modifica il Decreto n. CCXXXV del 27 maggio 1995, in materia notarile, in AAS Suppl. 66 (1995) 73-74。

为第一审级设立了一个民事法庭，而上诉法院和最高法院则分别保留于罗马圣轮法院和宗座圣玺法院，但是这样的做法“最终在民事抗诉与刑事抗诉之间模糊不清而告终”。在民事领域，旧的《渊源法》第 15 条参照了 1917 年版教会法典的诉讼法(参 1917 年版法典 1552-1998)，而在刑事领域，则完全采用 1913 年的《意大利刑事诉讼法典》。[308]

多重困难很快便凸显出来，1932 年教宗庇约十一世设立了一个研究委员会以筹备制定司法条例和一部民事诉讼法典。[309] 研究工作结束后，1935 年便开始收集各大学的意见，一直到新教宗庇约十二世上任，于 1946 年 5 月 1 日通过手谕《藉着法律》(*Con la legge*)[310] 制定了《梵蒂冈城国的司法条例》，同时颁布了《民事诉讼法典》。

这部法典似乎是受到了卡内路迪(Francesco Carnelutti)于 1926 年呈送给皇家委员会的诉讼法典草案的启发，这部草案后来也影响了 1973 年颁布的《巴西民事诉讼法典》。[311] 法典首先涉及的是案件的审理，然后是各个方面应运用的法律：其中包括诉讼标的的拟定，以确立所争诉的对象，这是典型的教会法模式。

## 4. 梵蒂冈城国法律的发展：主要方面

至此为止，我们探讨了梵蒂冈城国法律的基本轮廓和立法理由，接下来我们将阐述梵蒂冈立法者所关注的主要方面，首先来

---

308 参：N. Piccardi, *Relazione del Promotore di giustizia per l'inaugurazione dell'Anno Giudiziario* 2010, Tribunale dello Stato della Città del Vaticano, 26 (vedi anche 21-30)。

309 参：Pio XI, m.p. *Al fine*, del 21 settembre 1931, in AAS 24 (1932) 332-334。

310 参：Pio XII m. p. *Con la legge*, del 1° maggio 1946, in AAS 38 (1946) 170-172。

311 参：. J.C. Barbosa Moreira, *Il codice di procedura civile dello Stato della Città del Vaticano come fonte storica del diritto brasiliano*, in "Studi in onore di V. Denti", I, Padova 1994, 1 ss。

看一下在行政领域中的立法工作。

### 4.1 教育领域的法律

《渊源法》通常仅限于明确在具体案例中运用的法律来源，2008 年的新法有意为教育领域制定基本的法规，尽管实际上的作用十分有限，因为梵蒂冈城国并没有教育机构，但却明确地表达出了与教会法典 226§2 和 793 的一致性，同时也有意避免可能出现的法律漏洞。

《渊源法》第 11 条重申了 1929 年旧法的基本内容；这一领域的法律指示基本上缩减为三项内容：1) 肯定了梵蒂冈法是“受教会训导在教育和培育事务上，尤其是父母责任的优先性之教导的启发”；2) 规定了自六岁至十八岁之间学校教育的义务性，提升了旧法所规定的十四岁；3) 指出梵蒂冈法所规定的这项义务“根据不同国家的法律规定，凡是前往依法承认之学校机构上学者，即为满全上述义务，但父母和监护人证实以其努力和费用，藉相称的教育措施，能够私下给予教育者，不在此限”（渊源法，第 11 条）。[312]

这项法律在一定程度上有助于梵蒂冈城国在辅助领域开展公工作，[313] 但圣座对此进行其它规范的权力保持不变。

### 4.2 征用制度

2008 年的《渊源法》直接干预的另一种行政事务就是公共当局征用的行政措施。事实上，1929 年的《渊源法》第 20 条规定了完全参照当时意大利王国的征用法，并规定若上述法律未涉及具体实施措施的话，则由城国主席藉着执行法令直接干预。

---

312 参：S. Attollino, *Profili problematici della legge vaticana n. LXXI/2008 sulle fonti del diritto*, in “Stato, Chiese e pluralismo confessionale”, 2010, 8。

313 参：国务院，*Provvidenze a favore della famiglia*, artt. 17-23, del 20 gennaio 1994, in “Bollettino ULSA” 8, 2000, 81-87。

梵蒂冈城现今的情况已不同于 1929 年的情形，这种问题基本上已经得到解决，即使出现具体需求，如今的法律也只是规定由城国主席准备相应的征用措施，并减少了被征用一方抵抗的可能性，若意识到梵蒂冈城国的特殊性质，这一点便不难理解。前提条件是只有在“公共利益呈现出必要性”的情况下，方可准许此类干预。法律所预见的情况相当广泛，为了扩展至所有情况，并不区分可动产与不动产：“若公共利益呈现出必要性，针对国家获取私有财产、临时使用私有财产、实施工程和服务，城国主席可藉由书明理由之法令采取措施，同时制定相应的赔偿”（渊源法，12-2°）。

## 4.3 有关国务税的法律

另一项具有重要实际意义的梵蒂冈法律则是规定应支付梵蒂冈不同机构所提供之服务的税务的法律，这些税务有时是强制性的，有时是专利性的，以满足相关利益方的要求。

2001 年 12 月的第 372 号法案，随后藉着 2005 年的指令部分地得到了修改，这项法案确立了在梵蒂冈城国境内，因其所完成的事项而应向主席办公室支付一定的费用；这项法案取代了从四十年代开始在城国内存在的其它类似的措施。[314]

在直接涉及教宗、枢机主教、圣座机构和梵蒂冈城国机构，以及其它由城国主席所指定机构的利益时，所完成的事项则免除支付税务。这项法案附载了一个项目表，其中明确了应支付税费的事项：1) 机动车证件的颁发；2) 民事身份证和户口簿的颁发；3) 私人事务的登记；4) 公证费用；5) 进口货物税；6) 与司法行为相关的税务。

---

[314] 参：宗座梵蒂冈城国委员会，Legge n. CCCLXXII del 28 dicembre 2001, *sui diritti in materia giudiziaria, di segreteria e di notariato*, in AAS Suppl 72 (2001) 131-140 modificata con Ordinanza n. XVII del 28 dicembre 2005, in AAS Suppl. 76 (2005) 93-99。

### 4.4 有关交通的行政法规

在圣座与意大利王国于 1929 年所达成之公约的基础上，为了规范交通事务，便在 1930 年起草了第一部交通条例，[315] 随后，在 1932 年又制定了一部《梵蒂冈城出入条例》，[316] 时至今日，仍然有效。

现行的相关法规则包含在 1970 年颁布的第 52 号法案《道路交通法规》[317] 当中，后来在 2000 年对这部法案做了部分修改。[318] 在其 27 条内容中，上述法律首先列出了驾驶员行为总则，及其对机动车状况和安全的责任；针对违法者，还补充上了由城国法院独任审判员所给予的具体处罚。1997 年所颁布的新　交通条例取代了 1930 年的条例，同时也指出了在梵蒂冈进行机动车登记的要求、机动车登记的特征和驾驶员的资格证明。1997 年的条例中第 22 条还规定了在此事务上对意大利法律的遵从。

此外，1998 年的法律规定了由国家警卫队违反交通法规而提起的诉讼程序，[319] 2002 年的指令又更新并确定了在梵蒂冈城国内交通罚款的事项。[320]

---

315 参：梵蒂冈城国主席，Regolamento n. XII del 31 gennaio 1930, *per la circolazione per la circolazione di autoveicoli,* in AAS Suppl. 1 (1929) 5-12。另参 F. Cammeo, *Ordinamento giuridico*..., cit. 428 ss。

316 参：梵蒂冈城国主席，Regolamento n. XXXVI del 27 dicembre 1932, per l'accesso alla Città del Vaticano, in AAS Suppl. 4 (1932) 73-76, modificato con Decreto n. XLII del 29 giugno 2007, in AAS Suppl. 78 (2007) 29-30。

317 参：宗座梵蒂冈城国委员会，Legge n. LII de 22 giugno 1970, *sulla disciplina della circolazione stradale*, in AAS Suppl. 41 (1970) 17-26。

318 参：宗座梵蒂冈城国委员会，Legge n. CCCXXXVI dell'8 giugno 2000, *che modifica ed integra la legislazione sulla disciplina della circolazione stradale*, in AAS Suppl. 71 (2000) 43-48。

319 参：宗座梵蒂冈城国委员会，Legge n. CCXCVI del 3 giugno 1998, *che modifica ed integra la legislazione sulla disciplina della circolazione stradale*, in AAS Suppl. 69 (1998) 33-34。

320 参：宗座梵蒂冈城国委员会，Ordinanza n. CCCLXXV del 22 gennaio

## 4.5 有关货物运输的行政法规

根据 1930 年与意大利所签署的海关公约和于同年所制定的《货物进出条例》,[321] 城国主席办公室于 1939 年设立了一个主管货物进出与检查的办公室，目前这个办公室被纳入主管经济的领导部门内。

该办公室的职权在 1977 年的一部法令中得到了明确，该法令指出了海关与行政工作的相应内容、对内容的检查、税务的收取等，且考虑到了 1930 年公约的相关内容。[322] 此外，在这项公约所承认的税收框架内，2001 年所颁布的有关《在司法、国务与公证事务上的纳税》法案，对此办公室所提供的服务支付费用，也做了规范。2007 年的实施议定书更加方便了货物的运输。[323]

最后，当具有文化价值的文物过境或暂时存放时，有关登记、监督或检查出入是否合法的工作，则由经济领导部门负责。

## 4.6 有关医疗与卫生的行政法规

在健康与公共卫生领域，目前则由主席办公室中的医疗与卫生领导部门主管相关事宜，主要有四项为梵蒂冈城国颁布的法律，《渊源法》第 12-1°条明确了所应参考的法律，根据《渊源法》，

---

2002, *con la quale vengono determinati in Euro gli importi delle sanzioni pecuniarie in tutti i procedimenti concernenti le trasgressioni alle norme sulla circolazione stradale già espressi in lire*, in AAS Suppl. 72 (2001) 151-154。

321 参：梵蒂冈城国主席，Decreto XVII, del 31 luglio 1930, che approva il *Regolamento per l'introduzione ed esportazione delle merci,* in AAS Suppl. 2 (1930) 25-28 disciplina ora regolamentata dal n. V della Legge n. CCCLXXII, del 28 dicembre 2001, *sui diritti in materia giudiziaria, di segreteria e di* notariato, in AAS Suppl 72 (2001) 131-140。

322 参：宗座梵蒂冈城国委员会，Decreto n. CXXXIV del 1° aprile 1977, *in relazione alle attribuzioni dell'Ufficio Merci*, in AAS Suppl. 48 (1977) 9-11。

323 参：Protocollo di attuazione degli artt. 4 e 8 della *Convenzione doganale tra lo Stato della Città del Vaticano e l'Italia*, del 15 febbraio 2007。

在公共医疗与卫生领域的事务于梵蒂冈境内应遵守“意大利的法律和相关普通及特别条例，以及拉齐奥大区、罗马省和罗马市的条例”。

梵蒂冈为此所做的第一项特别规定则是 1993 年 6 月颁布的法令，即《关于在梵蒂冈城国境内亡故时应履行的医务工作》。[324] 其内容完全是从医疗角度所制定的法规，但司法当局所规定的保持不变，且应遵守相关的国际公约，特别是应遵守 1938 年与意大利所签订的有关殡葬安保服务的公约。

上述法令特别明确了：1) 在此类情形中应履行的职责；2) 死亡证明；3) 假定死亡原因的证明，或可能时，法医报告取代司法当局的证明；4) 验尸；5) 宣布死亡；6) 医疗与卫生领导部门应履行的其它职责。

在此事务上第二项重要的法规则是 1996 年颁布的法令《关于垃圾的收集、存放与处理条例》，[325] 其中采纳了意大利的法律和灵活参照。这部条例最近藉着 2019 年的一道法令得到了更新，藉此法令颁布了现行的《城市垃圾管理条例》。[326]

第三项关于健康与公共卫生的措施就是 2002 年 6 月颁布的第 382 号法案《禁烟令》[327]：禁止“在梵蒂冈城国境内和治外法权区域内的公共场所，在那些向公众开放和工作场所，以及在为

---

[324] 参：宗座梵蒂冈城国委员会，Decreto n. CCV, del 22 giugno 1993, *concernente gli adempimenti sanitari nei casi di morte nel territorio dello Stato della Città del Vaticano*, in AAS 64 (1993) 29-35。

[325] 参：宗座梵蒂冈城国委员会，Decreto n. CCLII, del 14 maggio 1996, che approva il *Regolamento sulla raccolta, lo stoccaggio e lo smaltimento dei rifiuti,* in AAS Suppl. 67 (1996) 35-45。

[326] 参：梵蒂冈城国主席，Decreto n. CCCXVII, del 9 luglio 2019, che promulga il *Regolamento per la gestione dei rifiuti solidi urbani,* in AAS Suppl. 90 (2019) 161-252。

[327] 参：宗座梵蒂冈城国委员会，Legge n. CCCLXXXII, del 14 giugno 2002, *con la quale sono stabiliti divieti di fumo*, in AAS Suppl.73 (2002) 25-26。

公众服务的汽车内”吸烟(第 1-1°条)。法律还规定了由宪兵队负责对违反者施以行政处罚。

最后，第四项法律措施就是 2021 年在新冠病毒疫情背景下，根据 2000 年《基本法》第 7-2°条所规定的紧急情况，所颁布的第 398 号法令，[328] 其内容是关于当公共卫生出现紧急情况，特别是由拒绝接种疫苗而导致公共健康危机时，所应采取的措施。该法令的目的具有笼统性：意在向城国当局提供应对易置大量人群陷入危机的突发事件——生物恐怖主义、疫情、传染病等事件——或者确定突发事件的工具，以保障人民生命的安全。这项措施适用于梵蒂冈城国境内和《拉特朗条约》第 15-16 条所规定的区域，涉及到城国的公民和居民，以及城国办公室、罗马教廷及其附属机构的所有职员。

该法令规定由医疗与卫生领导部门负责采取必要的措施，相关措施陈列在其中的第 3 条当中，然后由宪兵队监督对相关规定的遵守情况，且有义务强制相关人在其工作岗位遵守相关规定，以及采取必要措施将危机在其领域内化解，包括分发疫苗。此外，也特别考虑到了那些致力于公共服务和与人接触的职务，并规定可以为那些因确切的健康理由而不能接种所指定疫苗的职工，指派不同的职务。在这种背景下，该法令将这种措施(具体来说就是接种疫苗)等同于医疗与卫生领导部门的预防措施，根据《保护人格尊严条例》第 6 条，对此类措施的遵守，对工作人员来说，代表着一下具体的义务。该法令还规定了不同类型的经济性行政处罚，甚至暂时停职的处罚，主要针对的是那些没有履行相关义务的人。

[328] 参：宗座梵蒂冈城国委员会，Decreto n. CCCXCVIII dell'8 febbraio 2021, *in materia di emergenza sanitaria*, promulgato *per tabulas*, in AAS Suppl. 91 (2021) 323-329。

## 4.7 有关文化财产的行政法规

在签署《拉特朗条约》时圣座所做的承诺之一就是对于在梵蒂冈城和隶属于宗座的场所内的艺术和科学瑰宝进行保护、维护和享用，并确保“向学者和参观者开放”(条约，第 18 条)。这项承诺的具体表现就是出入博物馆的权利，这一点在 1932 年 12 月的相关条例中已得到明确规定。[329]

鉴于这种需求，教宗庇约十一世早在 1923 年便设立了一个由国务院负责的常设委员会以保护圣座的历史文物和艺术瑰宝，同时，也负责管理一切建设、修复工作，或对处于城国内外的圣座不动产非常规的维护工作。目前该委员会遵从 2019 年 2 月批准的条例。此委员会由至少六名成员组成，其中有些因职务之故而为自然成员(诸如博物馆馆长或技术服务处处长等)，对修复计划的批准和对艺术或历史文物总体评估、对新建设工作和不动产的拆除，以及对艺术品或具有文化价值的动产之转让的估价计划的批准，此委员会的预算意见是必不可少的。[330]

在这个领域，圣座最近制定了不同的法律措施。首先就是 2001 年 7 月颁布的第 355 号法案《文化财产保护法》，[331] 主要是对那些“属于圣座和梵蒂冈城国，以及在城国境内和在《拉特朗条约》第 15 和 16 条所涉及之不动产内，且拥有艺术、历史、考

---

329 参：梵蒂冈城国主席，Regolamento n. XXXVI, del 27 dicembre 1932, per *l'accesso alla Città del Vaticano*, in AAS Suppl. 4 (1932) 73-76, modificato con Decreto del XLII del 29 giugno 2007, in AAS Suppl. 78 (2007) 29-30。

330 参：国务院，*Regolamento della Commissione permanente per la Tutela dei Monumenti Storici ed Artistici della Santa Sede,* del 2 febbraio 2019, in “Bollettino ULSA” n. 27. In argomento vedi il *Regolamento relativo al prestito di opere d'arte di proprietà della Santa Sede,* emanato con rescr. *ex audientia* del 2 luglio 1965, AAS 57 (1965) 677-679。

331 参：宗座梵蒂冈城国委员会，Legge n. CCCLV, del 25 luglio 2001, sulla *tutela dei beni culturali*, in AAS Suppl. 72 (2001) 39-47。

古或人种学价值”的物品、动产和不动产的保护。此外，为了避免与意大利发生冲突，声明该法律不适用于那些虽隶属于应遵守法律之主体，但却“处于梵蒂冈城国境外和在《拉特朗条约》第15和16条所涉及之不动产之外”的物品。

除此之外，法律还规定负责管理的相应人员有义务进行清查；城国主席则负责总的检查与监督；还对财物的保存、完整性和财产安全作出了规定；并声明了财物的不可转让性；对这些财物的进出口和储存也做了相应规定；制定了文物发掘的方法；明确了所属之实体对财物进行复制和盈利的权利；最后，规定了“凡是违反本法律”的法律行为均属无效。

针对《文化财产保护法》的颁布，很快便制定了相关的实施条例[332]：1) 博物馆与文化财产领导部门与宗座梵蒂冈图书馆主管协调和技术指导财产清单的编制工作；2) 二者在各自权限内拥有管理、核查、监督、巡查、修复和评估风险的代权。此外，实施条例还规定清单的可行性，以便更好地进行监督，实施文物发掘方法和对相关干预工作的批准。对文化财产出入梵蒂冈城国的检查工作则由货物运输部门负责，并由警卫队负责检查。

最后，需要补充的是2019年12月颁布的第336号法案[333]，是对2013年的第8号法案有关刑法的补充，主要涉及的是在文化财产方面所触犯的罪行。这项法案主要包括三项刑法性的规定：1) 规定了针对以文化财产为对象的犯罪行为，则由与此相关的部门审理；2) 明确了在这种情况，由于涉及的是特别受保护的

---

332 参：宗座梵蒂冈城国委员会主席，Decreto n. CCCLVI del 26 luglio 2001, *con il quale è promulgato il regolamento per l'esecuzione* della Legge n. CCCLV, in AAS Suppl. 72 (2001) 51-55。

333 参：宗座梵蒂冈城国委员会，Legge n. CCCXXXVI, del 20 dicembre 2019, AAS Suppl. 90 (2019) 329-330, di conferma del Decreto n. CCCXXIX del Presidente del Governatorato, del 1° ottobre 2019, AAS Suppl. 90 (2019) 297-305, *recante modifiche al diritto penale dello Stato della Città del Vaticano*。

文化财产，处罚应增加至三倍；3) 此外，还规定了，对文化财产非法进口，以及在无合法批准情况下的出口活动，处以有期徒刑“二至六年，或处以一千至五千欧元的罚款”(第 45 条)。

## 4.8 有关航海的行政法规

1951 年的一道法令也是梵蒂冈法的一部分，其中对悬挂梵蒂冈城国国旗进行航海做了相应规定，在这里有必要解释一下这道法令的背景。

1921 年由国际联盟在西班牙巴塞罗那举行的有关航海线路问题的国际会议，最后所签署的文件之一就是《国际性可航水道制度公约及规约》，又被称为《巴塞罗那公约》，其中规定了那些没有入海口但可拥有悬挂本国国旗的船只的权利，这项权利是建立在平等与在可航水道穿行的自由基础上。因此，凡是于 1921 年 4 月 20 日签署上述公约的国家“承认任何非沿海国家的船旗，惟需该船只在该国境内唯一具体地进行注册”，该注册地便为该船只的注册港口。

所以根据这项公约，宗座梵蒂冈城国委员会在 1951 年颁布了一道法令，[334] 藉以对悬挂梵蒂冈国旗进行航行做出相应规定，尽管这项公约是在圣座与意大利和平解决罗马问题之前签署的，但实际上也被视为在国际上行使国家主权的一种表现。

正如 1921 年的公约所要求的，这道法令也规定了：1) 船只注册的特征；2) 有关船长和辅导司铎的相关规章；3) 拥有梵蒂冈国籍之船主对船只的管理；4) 关于船员的规章；5) 航海法来源的参照；6) 刑事法规；7) 在争诉情况下梵蒂冈法官所拥有的权限。

1951 年法令中的刑法规定由最近于 2012 年颁布的第八号法

---

[334] 参：宗座梵蒂冈城国委员会，Decreto n. LXVII, del 15 settembre 1951, *concernente la navigazione marittima sotto bandiera dello Stato della Città del Vaticano*, in AAS Suppl. 22 (1951) 69-74。

案[335]获得了修订，增添了一章关于违反航海或航空安全的犯罪行为的内容。

## 4.9 有关保护个人信息的法律

根据 2024 年 4 月 30 日宗座城国委员会第 DCLVII 号法令，试验性地颁布了为期三年的《个人信息保护总条例》，统一了梵蒂冈关于该事务的全部立法，并废除了任何相反的规定或做法。通过这种方式，梵蒂冈法便与欧盟在该事务上于 2016 年制定的《通用数据保护条例》保持了一致，[336]该条例代表了欧洲对信息保护的主要法规，这是直接采纳欧盟法律，而不是通过意大利立法的一个例子，然而，圣座并不属于欧盟。

该条例旨在保护个人在个人数据自由流通方面的权利，以维护人类尊严和个人的权利与自由(第 1 条)，并确保上述数据的使用符合合法性、公正性、透明性、善意和相称原则(第 4-1$^{o}$ 条)。然而，相关规定仅涉及城国主席办公室在其不同机构内进行的数据处理，仅限于《拉特朗条约》第 15-16 条所指出的城国领土和治外法权区域内。

城国总顾问担任信息保护负责人，应当受理相关人的可能投诉(第 10 条)。相反，信息处理的负责人是城国主席办公室，由秘书长代表行事(第 11 条)，秘书长在管理角色中确定负责实施规章(第 12 条)并采取必要安全措施(第 14 条)的处理负责人。

此外，该条例还规定了相关主体的权利及其行使程序(第 15-16 条)，并定义了访问权(第 17 条)、更正权(第 18 条)、删除

---

335 参：宗座梵蒂冈城国委员会，Legge n. VIII, dell'11 luglio 2013, *recante norme complementari in materia penale,* in AAS Suppl. 84 (2013) 77-108。

336 参：宗座梵蒂冈城国委员会，Decreto n. DCLVII, del 30 aprile 2024, in "Communicationes" 56, 2024, 157-179; cfr. "General Data Protection Regulation", "Gazzetta Ufficiale europea" del 4 maggio 2016 (in vigore dal 24 maggio 2016 e attuato dal 25 maggio 2018)。

权和遗忘权(第 19 条)、数据可携带权(第 20 条)、反对权(第 21 条)和处理限制权(第 22 条)的范围。

### 4.10 有关人工智能事务指南

根据欧盟国家的类似立法，特别是 2024 年 3 月由欧洲议会批准的相关法规，宗座城国委员会主席于 2024 年 12 月颁布了第 DCCII 号法令，其中包含有关人工智能的指导方针。[337] 梵蒂冈的法规旨在确保在相关选择的指导中保持伦理性。该规范适用于梵蒂冈城国所有的管理机构，即除了执行机构外，还包括业务性和科学性机构，以及属于城国司法组织的机构(参 1§3)。

上述指南包含一般原则，旨在促进人工智能的伦理和透明使用，尊重人类尊严和公共福祉。受法律约束的主体，必须确保在进行人工智能系统和模型的实验、开发、采用和使用活动时，遵循一般性和特定领域的指导原则，以确保城国安全、个人信息的保护和保密、不歧视以及对受造界的关怀(第 3 条)。因此，该文件禁止将这些系统用于某些目的：歧视性效果、潜意识操控技术、引发社会不平等以及任何与教宗的使命、天主教会的完整性和梵蒂冈城国政府的正常机构活动相抵触的用途等(第 4 条)。

随后，该指南还规定了各个领域的指导原则：在信息和数据处理领域(第 5 条)；在科学研究和健康领域(第 6 条)；关于版权保护(第 7 条)；在文化遗产领域(第 8 条)；在基础设施和服务领域(第 9 条)。

## 5. 意大利法律的补充性来源与采纳标准

### 5.1 意大利法律的适用范围

除了教会法和由梵蒂冈城国所颁布的法律外，《渊源法》所确立的另一组重要的法律就是梵蒂冈法所参考的补充性法律。其

[337] 参：宗座梵蒂冈城国委员会，Decreto n. DCCII, del 16 dicembre 2024, in “Communicationes” 56, 2024, XXXXX。

中意大利法律占据大部分，因为除了意大利法律之外，还有欧盟的法律。

正如至此为止我们所阐述的，新《渊源法》所规定的意大利法的适用范围，尽管遵循了旧法的总思路，但仍然与1929年的旧法规定有所不同，相对来说，适用范围更加明确。

因当时的不确定性，1929年旧法的第3条规定了对当时意大利法的全部采纳，同时还规定在教会法未作出规定的事务上，若梵蒂冈城未颁布相关法律，梵蒂冈法应以补充的方式遵从由意大利王国所颁布的法律，实际上在梵蒂冈所实行的法律就是当时的意大利法。然后，又明确了适用范围和对例外情况所做的条款，无论怎样，应依所采纳的法律规定行事。

当今的情况已截然不同，新《渊源法》所明确的适用范围也有所不同："凡第1条所列之法律来源未涉及的事务，应以补充的方式，且事先在梵蒂冈主管当局采纳的情况下，遵从意大利所颁布的法律和其它法规"（渊源法，3-1°）。

所参照的法律不再是意大利现行的全部法律：事实上，新《渊源法》规定在特殊情况下，且事先对个别法律有正式的采纳，才可作为补充性的法律来源，而予以参考。这是对梵蒂冈法律保护的一种保留，正如新法随后所明示的："只要这些法律不违反神律的诫命和教会法的一般原则，以及《拉特朗条约》及之后的协约所做的规定，针对梵蒂冈城所存在的事实，便可采用这些法律"（渊源法，3-2°）。这是一种十分谨慎的表达，在未明确提到1929年的政教协定的前提下，却提到了1984年对政教协定的修改和修正，及自1929年之后与意大利签订的其他协约与公约。

针对梵蒂冈法而言，正式采纳外国法律的事先声明要求明智的判断与评估，要求梵蒂冈立法当局逐次判断，分辨欲采纳的法律是否与神律和教会法基本原则相符，是否与《拉特朗条约》和之后与意大利签订的协约保持一致。如今，对确保梵蒂冈国法的身份来说，以空头支票的方式寄希望于意大利在未来颁布的法律将会呈现出很多问题，[338] 正如在具有技术-行政特征的事务上，遵从梵蒂冈法中具有可变性的法律一样，这是极为危险的。若《渊源法》第3§2条所要求的与神律的一致性代表着阻止那些不相容之法律的效力的话，那么这种危险便是“相对的”；不管怎样，参考易变性的法律，总是产生不可预期的后果，因此在参照其他法律时需要特别的谨慎。

就此而言，新的《渊源法》在法律参照上的主要新颖之处具有澄清的目的，因为即使之前也不接受自动采纳意大利未来的法律，先前的《渊源法》第3条规定唯一可以采纳的是“直到此法开始生效之日”为止已经颁布的法律。[339] 事实上，每当需要弥补梵蒂冈法典的具体漏洞时，都会明确地采纳意大利的相应法律，正如1993年6月，通过“灵活参照”的方式采纳了意大利有关法人的法律。

采纳意大利法的另一项新的限制就是《渊源法》明确提到的由“教会法的一般原则”所形成的限制。正如1917年版教会法典20所言，这是“依本法典常行之公平办法”，1983年版教会法典19同样采用了这项原则：相当于参照与神律不同的法律，正如隆巴多所言，就是那些“能够解释教会法所提供之解决方案的基本原则，是经过科学分析后所得到的成果”，[340] 也是在历史中不断巩固由教会法所启示的准则而形成的传统所产生的结果。现行的两部教会法典——拉丁教会法典与东方教会法典——所遵循的衡平法，作为领悟和运用这种普通原则与公平办法的方式，“应使人明白对具体情况而言，同时应考虑到具体情形，什么才是公

338 参：S. Attolino, *Profili problematici della legge vaticana n. LXXI/2008 sulle fonti del diritto*, cit., 10。

339 参：W. Hilgeman, *La nuova Legge sulle Fonti del Diritto dello Stato della Città del Vaticano. Prime note ed osservazioni*, cit., 66。

340 P. Lombardía, *sub can. 19*, in “Codice di Diritto Canonico e Leggi complementari, Commentato”, J.I. Arrieta dir., 6a ed. Roma, 2018, 87。

正，一种以教会的仁爱与慈悲为特征的公正”。[341]

关于对意大利法律的采纳，《渊源法》所指出的一般原则同样适用于其他可能的法律，特别是欧盟的法律。

新《渊源法》在第3条中明确了上述所提到的一般原则后，便正式声明意大利法律中的某些法规或具体领域的法律，通过“对应参照”或“采纳”的方式，也可成为梵蒂冈法律的补充性来源。1929年的旧法同样规定了此种办法，以面对在意大利所呈现的法律事实。但是，在某些情况下，立法者的选择却有所不同，而是采纳在意大利已经不再有效的法律。

接下来我们笼统地看一下2008年的《渊源法》所规定的此种对意大利法律的明确参照。

## 5.2　对1942年《意大利民法典》的采纳

在民事事务上，1929年的《渊源法》规定当时意大利王国的两部法典可作为梵蒂冈法的补充性来源：即1865年的《民法典》和1882年的《经贸法典》。正如我们前面所提到的，在之后的那些年梵蒂冈法对这两部法典有很少的改变。与此同时，1882年的《经贸法典》的重要规定在意大利对1942年的《民法典》产生了重要影响，且不再是独立的《经贸法典》。所以，如今的新《渊源法》在民法事务上所参照的是现行的1942年意大利《民法典》。

如今对意大利《民法典》的参照也不同于1929年《渊源法》所规定的参照方式。旧法规定除了对当时有效的民法的参照外，还应“联合那些对相应条例进行修正和完善的法律”（第11条）。对《经贸法典》、《刑法典》、《民事诉讼法典》和《刑事诉讼法典》的参照方式也是如此。如今新《渊源法》对1942年意大利《民法典》的参照方式很大程度上只涉及如今的《民法典》和“直到此法开始生效之日”为至曾对其进行修正的法律。所以《渊源法》

341　同上。

明确地无视对 1942 年《民法典》"完善性"的意大利法律的参照。

如同 1929 年的旧法，新《渊源法》第 4 条论到对意大利《民法典》的参照时，明确地排除了其中所指定的事务，因为对于这些所指定的事务，教会法或梵蒂冈法占优先地位，或梵蒂冈立法者以明确的方式将其保留于自己权力，比如，关于收养。所以在所指定的事务上，虽然排除了意大利部分民法，但这并不是绝对的，因为并无意完全明确法律主要来源的内容及其效力。

《渊源法》第 4 条所指出的明确排除参照意大利民法的事务有：1) 关于国籍的法律，因为梵蒂冈法对此有明确的规定；2) 对完成任何法律行为之能力的规定，因为教会法对此也有相关规定；3) 婚姻，教会法对此也有明确规定；4) 收养，在梵蒂冈城国，需有教宗的批准；5) 有关教会财产的时效和享有恩惠的规定，教会法对此也有明确规定；6) 因死亡原因所做的遗赠，教会法已有规定；7) 有关自然人的法律行为：出生、婚姻和死亡，则遵从梵蒂冈法；8) 国籍与户口登记，则由城国主席办公室负责；9) 劳务关系，梵蒂冈已拥有自己的《劳动法》；10) 公证职务，则由城国主席所委任的律师来履行；11) 抵押品的保存，由城国主席办公室领导部门主管抵押品的登记与编册。

然而，在新的《渊源法》中则缺少有关对《民事诉讼法典》的参照，这是因为梵蒂冈城国如今拥有自己的《民事诉讼法典》，该法典是在 1946 年颁布的。[342]

## 5.3 对《刑法典》和《刑事诉讼法典》的采纳

在刑事事务上，新《渊源法》正如 1929 年的旧法，继续参照意大利在 1889 年颁布的《扎那尔德利刑法典》(Codice penale Zanardelli)，但是这部法典如今在意大利已不再有效。同样，针

[342] 参：Pio XII il 1° maggio 1946 col m. p. *Con la legge*, in AAS 38 (1946) 170-172; per una sua puntuale modifica vedi art. 44 della Legge n. L del 21 giugno 1969, in AAS Suppl. 41 (1969) 13-26。

对刑事诉讼，梵蒂冈法如今所采纳的是意大利 1913 年的《刑事诉讼法典》，1929 年的《渊源法》也是如此，但意大利现行的刑事诉讼法典》则是 1989 年 10 月 24 日颁布的。[343]

《渊源法》第 7 和第 8 条似乎引证了意大利的《刑法典》和《刑事诉讼法典》，并以笼统的方式指出了一定的时间期限："直到有新的刑法确定为止"（渊源法，7§1），或"直到有新法出现为止"（渊源法，8）。这就不得不使人认为梵蒂冈立法者表达出有意对全部刑事及刑事诉讼事务进行重新立法，并以对梵蒂冈城国新的立法取代上述两部法典。

立法者所遵从的思路是不同的，更多地是有意吸纳意大利的两部法典，同时对其进行修改和完善，并使其更加符合梵蒂冈城国的本有宗旨或目的，从而变成梵蒂冈自己的法典。正如在后面的附录中所能够看到的，在刑法部分，梵蒂冈法多次努力地想对意大利 1889 年的刑法进行转化，同时使其更加符合梵蒂冈城国的全面需求。

《渊源法》第 7 条确立了梵蒂冈刑法的两项一般的准则。[344] 第一项准则涉及的是刑罚的再教育作用和使惩处制度更加符合法律的人性化要求的意愿。第二项准则则规范非法行政行为的选择和通过最终在 2013 年颁布的梵蒂冈本有法律[345]给予相应惩处。

最后，关于刑事诉讼，《渊源法》第 10 条避开了意大利法典中的相关诉讼规定，无论是在审判不同阶段的代表和辩护律师，

---

343 参：A. Diddi, *I novant'anni del codice di procedura penale dello Stato vaticano*, in "Diritto e religioni", 14, 2019, 169-196。

344 参：S. Attolino, *Profili problematici della legge vaticana n. LXXI/2008 sulle fonti del diritto*, cit., 2010, 6。

345 参：宗座梵蒂冈城国委员会，Legge n. X, dell'11 luglio 2013, *recante norme generali in materia di sanzioni amministrative*, in AAS Suppl. 84 (2013) 133-144。

均由梵蒂冈法来规范，[346]还是关于双方当事人、证人、专家或其他人的宣誓，在任何情况，“均应以指定的方式在教会法庭面前”进行宣誓(渊源法，10)，换言之，根据《天主教法典》第七卷中所规定的方式进行宣誓。[347]

## 5.4 对行政法的采纳

关于行政方面的法规，正如 1929 年的旧法，现行的《渊源法》第 12 条罗列了一系列的事务，针对这些事务，梵蒂冈法可直接采纳在该法开始生效时有效意大利法的相关规定，“包括条例和意大利批准的条约，以及执行条约的法规”。这些事务如下：“1) 重量和任何类型的尺度；2) 发明专利与商标和工厂执照；3) 铁路；4) 邮政；5) 电信及其不同组成部分中相关服务，无论是固定网络还是移动网络；6) 电力输送；7) 航空；8) 汽车与交通；9) 对抗流行与传染病”(渊源法，12-1°)。

同样，梵蒂冈城国在城市建设、治安方面和公共健康与卫生方面，也采纳意大利法，无论是意大利国颁布的法律及其相关的一般条例和特别条例，还是拉齐奥大区、罗马省和罗马市制定的相关条例。在这种情况下，也是同样的选择标准，所参照的法律也是在《渊源法》开始生效时，在意大利仍然有效的行政法规。

总的来说，在行政方面，相对 1929 年的旧法而言所发生的变化也是基于梵蒂冈城国已经自行在上述某些方面制定了相关的法律，诸如在文化财产[348]、文学作品[349]、劳务安全[350]等方面。

---

346 如今所遵从的法律是：Legge n. CCCLI, del 13 marzo 2020, *sull'ordinamento giudiziario dello S.C.V.* in “*Communicationes*” 52, 2020, 9-20。

347 对于法庭成员，参教会法典 1454；对于当事人则参法典 1532；对于证人则参法典 1562；对于专家则参法典 1454。

348 参：宗座梵蒂冈城国委员会，Legge n. CCCLV, del 25 luglio 2001, *sulla tutela dei beni culturali*, in AAS Suppl. 72 (2001) 39-47；宗座梵蒂冈城国委员会主席，Decreto n. CCCLVI, del 26 luglio 2001, *con il quale*

此外，与 1929 年旧法所罗列的某些事务相关的法律后来又得到了发展和修订，无论是藉着梵蒂冈城国与意大利所签署的公约(诸如在铁路、邮政、电信、交通等方面)，还是因圣座所颁布的不同性质的法律。

## 5.5 对欧盟法律的直接采纳

直到前不久为止，以补充的形式，适用于梵蒂冈城国的法律还仍然只有意大利法，然而，今日已不同往时。虽然在梵蒂冈城国作为补充性的法律所采用的仍然是以意大利法为多，但从十几年前开始，随着欧盟的不断发展，欧盟的一些指令有时也被作为法律来源而被梵蒂冈法所采纳，[351] 而且日后所适用的法律也会越来越多。虽然相对来说，现在所采纳的法律并不是很多，但显然欧盟法已出现在梵蒂冈的法律体系中，而且还会日渐增多，甚至在某些方面，将替代意大利法来补充梵蒂冈法。

在最近这些年，欧盟已成了梵蒂冈立法行为的主要参照点之

---

*è promulgato il regolamento per l'esecuzione della legge 25 luglio 2001, n. CCCLV, sulla tutela dei beni culturali*, in AAS Suppl. 72 (2001) 51-55。

349 参：若望二十三世，Legge n. XII, del 12 gennaio 1960, *sul diritto di autore*, in AAS Suppl. 32 (1960) 45-46, e più di recente con Legge n. CXCVII della Pontificia Commissione per lo S.C.V., del 1° settembre 2017, *sulle opere dell'ingegno e dei diritti connessi*, in AAS Suppl. 88 (2017) 121-124。

350 参：梵蒂冈城国主席，Legge n. LIV, del 10 dicembre 2007, *sulla tutela della sicurezza e della salute dei lavoratori nei luoghi di lavoro*, in AAS Suppl. 78 (2007) 77-88; 同上, Decreto n. LXXII, del 1° ottobre 2008, *con il quale è promulgato il Regolamento tecnico e di attuazione della legge sulla tutela della sicurezza e della salute dei lavoratori nei luoghi di lavoro*, in AAS Suppl. 79 (2008) 73-96。

351 关于梵蒂冈城国在欧盟中的地位，请参：C. Cardia, *La soggettività internazionale della Santa Sede e i processi di integrazione europea*, in "Ius Ecclesiae" 11, 1999, 301 ss.; C. Migliore, *Relazioni tra la Santa Sede e gli Stati Europei*, in "Ius Ecclesiae" 11, 1999, 365 ss. 100。

一。[352] 虽然梵蒂冈城国并非欧盟成员国，但因使用欧盟唯一货币，便有义务在梵蒂冈城国内落实相关的金融制度和与欧盟所达成的保护协定。在这个过程中有两个不同的关键点。

首先，随着梵蒂冈城国正式将欧元作为官方货币[353]和 2000 年 12 月 29 日梵蒂冈城国与意大利签署的货币公约，[354] 根据欧盟组织为保护欧元所制定的指令，梵蒂冈城国也颁布了一系列有关货币、金融、刑事和监督等方面的法规。[355]

第二个关键点就是 2009 年，圣座正式加入欧盟货币体系，2009 年 12 月 7 日梵蒂冈城国与欧盟直接签署的新《货币公约》[356] 也开始生效。因此，在随后的几年中，在涉及到大多数利益的事务上，尤其有关贸易往来和刑事方面，梵蒂冈的立法逐渐地向欧盟看齐。

另一个欧盟法重要性的具体例子就是卫生服务领导部门条

---

352 参：G. Dalla Torre, *Lezioni di diritto canonico*, cit., 66 ss.; M. Lugato, *Lo Stato della Città del Vaticano e l'Unione Europea*, in "Santa Sede e Stato della Città del Vaticano nel nuovo contesto Internazionale (1929-2019), M. Carnì ed., Roma, 2019, 129-146; P. Cavana, *I rapporti tra lo Stato della Città del Vaticano, l'Italia e l'Unione Europea tra continuità e innovazione*, in "Ephemerides iuris canonici" 55, 2015, 265-305。

353 参：宗座梵蒂冈城国委员会，*Legge monetaria* n. CCCLVII del 26 luglio 2001, *di adozione dell'Euro come moneta ufficiale*, in AAS Suppl. 72 (2001) 57-58。

354 参：*Convenzione monetaria tra lo Stato della Città del Vaticano e la Repubblica italiana*, per conto della Comunità Europea, del 29 dicembre 2000, in AAS 93 (2001) 750-756。

355 如：宗座梵蒂冈城国委员会，Legge n. CCCLXXII, del 28 dicembre 2001, *sui diritti in materia giudiziaria, di segreteria e di notariato*, in AAS Suppl. 72 (2001) 131-140, modificata con Ordinanza n. XVII del 28 dicembre 2005, in AAS Suppl. 76 (2005) 93-99。

356 参：*Convenzione Monetaria tra l'Unione Europea e lo S.C.V.*, del 17 dicembre 2009, in AAS 202 (2010) 60-65。

例中的第 3 条，[357] 其中指出了哪些是此类法律的来源，并规定在梵蒂冈城国没有明确法律的话，“应遵守意大利共和国和欧盟在此领域所颁布的指令、法律和条例”：同样的规定也被后来的意大利法所采纳。在这种情况，所参照的直接是欧盟的法律。

就目前来说，不可避免的是对欧盟法律的参照也延伸至其他领域，诸如贸易往来、机动车注册与交通、尊重隐私、文化财产等方面，在梵蒂冈法所适用的范围内也将采纳欧盟的其他指令。在某些情况下，相对参照和采纳意大利法而言，参照欧盟法律更为有益。

## 6. 法官的权力

若对法律赋予法官完善可能出现之法律漏洞的权力视而不见的话，那么对梵蒂冈城国现行法律之来源的分析将是不完整的。而法官完善法律漏洞时，需要找到适用于个别情况之法律的客观要素。这是一个有关法律来源的问题，而不仅仅是法官的治权，所以在此值得对此进行一番讨论。

梵蒂冈城国的法律体系拥有明显的现实主义特征，它放弃建立自己的一套完整法律体系，而是适时地采纳意大利所制定的法律，因此便会出现梵蒂冈法官在解决具体争诉时，发现存在着法律漏洞，而不得不设法对其进行弥补。[358] 虽然这种情况极为少见，况且在今天这个社会快速变化的时代：事实上，1929 年的《渊源法》已预见这种可能，同时授权民事法官和刑事法官，在具体案例中，如若缺乏相应法律，可自行斟酌进行审判。同样的规定也被收录在 2008 年的《渊源法》当中。其中明确了法官在民事案件中的权力与在刑事案件中的权力。

---

[357] 如：宗座梵蒂冈城国委员会，Decreto n. CCLXXVII, del 12 giugno 1997, che promulga il *Regolamento della Direzione dei Servizi Sanitari*, in AAS Suppl. 68 (1997) 43-66。

[358] 参：F. Cammeo, *Ordinamento giuridico ...,* cit. 260 ss。

虽然《渊源法》第 6 条也如同 1929 年旧法那样，赋予了法官在民事案件中的权力，但是，在法律出现漏洞的情况下，也就是说，无论是首要的法律，还是补充性的法律，对某案例并没有明确规定，那么法律便要求民事法官在考虑到“神律和自然律的诫命，以及梵蒂冈法的一般原则”前提下，进行明智的裁定。这种准则类似于 1929 年旧法中的第 22 条的规定，邀请法官采取“所遵循的准则，就好像立法者一样”。两种表达的前提条件一样，所产生的结果也一样。旧法提到法官应考虑到“教会法原则”，如今已不再如此，不仅是因为这些原则已包括在梵蒂冈法的一般原则当中，而且也因为《渊源法》第 1§1 条强化了教会法在梵蒂冈法律渊源中的地位。《基本法》要求法官应根据衡平法原则实施法律，以恢复正义，促进双方和解(参基本法，21-3°)。

在刑法领域也同样如此：《渊源法》第 9 条以综括的方式表达了 1929 年旧法第 23 条所提到的准则，赋予法官刑事权力，在法律出现漏洞时，判断一个行为是否“有违宗教原则或伦理原则、破坏公共秩序、人或物的安全”。同样的表达也被纳入新《渊源法》中，在缺乏法律规定的情况下，无论是确立刑事行为，还是明确刑事处罚、罚款和刑拘，在这些情况下，法官可采取 1929 年旧法中所规定的措施，同时也要考虑到梵蒂冈刑法后续所做的修改，尤其是针对代替性罚款的处罚所做的修改。

总之，在此类情况下，根据《渊源法》第 9 条：“法官可参照法律的一般原则也处以刑罚”、罚款或刑拘；这些原则包括教会法原则和圣座所批准的国际条约所遵从的原则。

事实上，梵蒂冈法庭曾有机会利用 1929 年的旧法第 23 条所规定的特权，以避免在城国内为那些 1889 年意大利刑法典未曾规定的犯罪行为创造一个“自由空间”，因为当时并没有如今的法律。

在 2007 年 10 月 6 日的一个有关麻醉品流通的判决中，根据

1995年11月22日由欧洲人权法院依相关公约第7条做出的一个判决所规定的准则，梵蒂冈法院认为不应违背刑法合法性原则的基本要素行事。欧洲人权法院当时规定，对法官所拟定之法律秩序的法律性解释也构成了刑法的一项重要要素，若最终的裁定(即处罚性判决)与罪行的性质相符，且可合理地得到规定，那么这种解释并不违背合法性原则。[359]因此，在此基础上，梵蒂冈法院认为，1929年《渊源法》第23条规定："法官所拥有的确立权力并不相反合法性原则，意即既不是自行裁决的，也不是恣意妄为的，而是与客观准则相连的，这些客观准则就是宗教原则、伦理原则、公共秩序和人或物的安全"。[360]

最后，《基本法》则要求刑事法官"为了使罪犯恢复身份、重返社会和恢复所违反的法律秩序，而科以处罚"（基本法，21-3°)。

[359] 参：欧洲人权法院, arrêt S.W. c. Royaume-Uni (n. 47/1994/494/576), del 22 novembre 1995。

[360] 梵蒂冈法院，Relazione del Prof. Avv. N. Picardi, Promotore di Giustizia per l'Inaugurazione dell'Anno Giudiziario 2009. Ottantesimo della Giurisdizione Vaticana, Città del Vaticano, 10 gennaio 2009, 54。

# 附 录

# 圣座与意大利

# 《拉特朗条约》

1929年2月11日

《宗座公报》21(1929)209-221

## 前言：

圣座和意大利认识到，通过达成最终解决相互关系的方案，有利于消除双方之间存在的任何分歧，这符合正义和两个最高当事方的尊严，并以稳定的方式向圣座确保一种事实和法律的地位，即保障圣座的绝对独立，以履行其在世的崇高使命，使圣座承认以明确和决定性方式解决于1870年在萨伏依王朝(Casa Savoia)统治下的意大利王国吞并罗马而产生的"罗马问题"。

为确保圣座绝对而可见的独立，必须在国际上保证其毫无争议的主权，有必要以特别方式建立梵蒂冈城，并承认圣座对其拥有完全的所有权、专属和绝对的主权和最高管辖权；尊敬的教宗庇约十一世(Pio XI)和意大利国王维克多·伊曼纽尔三世(Vittorio Emanuele III)决定签订一个条约，为此任命两名全权代表，即国务卿卡斯帕里枢机主教(Cardinale Pietro Gasparri)代表教宗，总理兼政府首脑墨索里尼爵士(Cavaliere Benito Mussolini)代表国王；经双方交换各自全权并寻获良好且适当的形式后，同意订立下列条款：

**第一条** 意大利承认并重申1848年3月4日《王国规章》第一条所奉行的原则，其中规定宗徒传下来的罗马公教是该国唯一宗教。

**第二条** 根据圣座的传统及其在世使命的需要，意大利承认其在国际上的主权为其本质的固有属性。

**第三条** 意大利承认圣座对梵蒂冈拥有完全的所有权、专属和绝对的主权和最高管辖权，就其目前的结构，包括所有附属建筑和设施，按照本条约规定的特殊目的和方式建立梵蒂冈城。在本条约附件一的平面图中标明了该城的边界，该附件亦为本条约的组成部分。

此外，圣伯多禄广场虽然属于梵蒂冈城，但在通常情况下仍将向公众开放，并受意大利当局警察权力的管辖；该权力仅限于大殿台阶下面，大殿继续供公众礼拜，因此，除非受主管当局邀请干预，警察不得越过台阶进入该大殿。

因特殊功用，圣座认为伯多禄广场应暂停公众自由通行，意大利当局除非受主管当局邀请留驻广场，否则，应退至伯尔尼(berniniano)柱廊及其延伸的外部界限之外。

**第四条** 意大利承认圣座对梵蒂冈城拥有主权和绝对管辖权，这意味着意大利政府不得对其进行任何干预，在其内除圣座外，不存在其他当局。

**第五条** 为了执行前一条规定，在本条约生效之前，意大利政府负责使梵蒂冈城的领土摆脱任何限制和占领。除圣伯多禄广场外，圣座将关闭所有通道，并封闭所有开放的地方。

此外，关于该处属于修会机构或团体的不动产，圣座将直接规范与它们间的关系，这与意大利无关。

**第六条** 意大利将通过与相关机构的必要协议，确保在梵蒂冈城有充足的水源供应。

意大利将通过在梵蒂冈城内，于附录地图(附件一)所示的位置，建立火车站，以及梵蒂冈火车在意大利铁路上的通行，来确保与国家铁路联网。

意大利将确保梵蒂冈城内的电报、电话、无线电报、无线电话和邮政服务直接与其他国家相连。

最后，意大利还将协调其他公共服务。

意大利政府承担以上所有费用，并在本条约生效后一年内履行以上所有承诺。

圣座将承担维护现有的和认为今后需要开放之梵蒂冈通道的所需费用。圣座与意大利政府将就梵蒂冈城的车辆和飞机在意大利境内的通行达成协议。

**第七条** 意大利政府承诺不许在梵蒂冈城周围建造形成反光的(introspetto)新的建筑，因同样理由，并承诺拆除从卡瓦雷格里门(Porta Cavalleggeri)开始沿奥雷利亚大街(Via Aurelia)和梵蒂冈大道(Viale Vaticano)两边的部分建筑。

根据国际法的规定，任何类型的飞机均不得在梵蒂冈领空飞行。

本条约第十五条所指的域外管辖权并未延伸至鲁斯蒂库奇广场(Piazza Rusticucci)和柱廊附近地区，任何可能影响梵蒂冈的建筑或道路的变更均需共同协议。

**第八条** 鉴于教宗人身的神圣不可侵犯性，意大利声明凡攻击和挑衅教宗者应受的惩罚与攻击和挑衅国王所受惩罚相同。

在意大利凡以言论、行为和文字公开冒犯和侮辱教宗者，应受之惩罚与公开冒犯和侮辱国王所受之惩罚相同。

**第九条** 根据国际法的规定，凡在梵蒂冈城拥有永久居住权者都受圣座主权管辖。该居住权不因在其他处临时居住而丧失，但在该城丧失住所或证明放弃该居住权的情况除外。

前项所指之人，停止受圣座主权管辖后，根据意大利法律，不论上述何种情况，如若他们没有任何其他国籍，在意大利将被视为意大利公民。

上述凡受圣座主权管辖之人，也应遵守意大利的属地法及相关属人法(如若圣座颁布相关法律)，如果他们拥有其他国籍，也应遵守其所属国家的法律。

**第十条** 即将被列入缔约方商定之名单中的教会尊长和属于宗座法院之人，即使他们不是梵蒂冈公民，在任何情况下，他们对意大利将始终免服兵役、陪审团和任何属人服务的义务。

这项规定也适用于那些圣座声明为必要公务人员，以及长期在圣座部门工作并有固定工资的职员，也包括下面 13、14、15 和 16 条所指梵蒂冈城之外的部会和办公室职员。这些公职人员将被列入如上所述已商定的另一份名单中，并将由圣座每年更新。

因职务原因在梵蒂冈城外参与圣座文件制定之教会人士，均不受意大利当局的任何阻挠、调查或骚扰。

所有在罗马担任教会职务之外国人员，均享有意大利公民根据王国法律所享有的个人保障。

**第十一条** 天主教会的中央机构不受意大利国家的任何干涉(意大利法律关于获取伦理机构的规定除外)，也包括相关不动产的变更。

**第十二条** 意大利承认圣座根据国际法一般规则享有的主动与被动使节权。

驻圣座的外国使节在王国继续享有国际法所赋予外交代表的特权和豁免权，他们的使馆可继续存留在意大利领土上，并享有国际法规定的豁免权，即使他们国家与意大利没有外交关系。

意大利承诺，在任何情况下，包括交战国在内的所有国家始终可以与圣座自由通信，反之亦然，并保证世界各地的主教均可自由访问宗座。

缔约双方承诺通过意大利向圣座派驻大使及圣座向意大利派驻宗座大使来建立正常外交关系，根据 1815 年 6 月 9 日维也纳会议认可的习惯法，驻意大利的宗座大使将担任外交使节团团长。

因公认的主权，在不损及下列第 19 条规定的情况下，圣座外交人员及以教宗名义被派遣之信使，即使在战争时期，于意大利领土上享有与其他外国政府内阁之外交人员和信使，依照国际法规则所享有之同等待遇。

**第十三条** 意大利承圣座对圣若望大殿(San Giovanni in Laterano)、圣母大殿(Santa Maria Maggiore)及圣保禄大殿(San Paolo)及其附属建筑拥有完全的所有权(附件二，1、2 和 3)。

意大利将上述圣保禄大殿及其附属修道院交于圣座自由经营和管理，并向圣座支付教育部每年为该大殿所预算之款项。

同样，圣座是为靠近特拉斯泰韦雷圣母大殿(S. Maria in Trastevere)的圣卡利斯托(S. Callisto)附属大楼的所有人(附件二，9)。

**第十四条** 意大利承认圣座对已为其占有之冈道尔夫堡(Castel Gandolfo)宗座大楼及其所有设施、附属建筑和附属设施(附件二，4)拥有完全的所有权，此外在冈道尔夫城堡内的巴贝里尼别墅(Villa Barberini)及其所有设施、附属建筑和附属设施(附件二，5)，也完全归圣座所有，在本条约生效后六个月内应交还圣座。

为了整合位于吉安尼科伦斯山(Colle Gianicolense)北侧属于传信部(Sacra Congregazione di Propaganda Fide)和其他教会机构以及梵蒂冈大楼对面的不动产，意大利承诺将该区属于国有或第三方的不动产转让给圣座或其指定之机构。在附录的平面图内指出了属于圣部和其他机构以及将要转让的不动产（附件二，12)。

最后，意大利承诺将与罗马十二宗徒大殿(Santi XII Apostoli)、圣安德肋大殿(Sant'Andrea della Valle)和圣嘉禄大殿(San Carlo ai Catinari)相连的前修道院建筑及其附属建筑物和附属设施完全免费转让于圣座(附录三，3、4 和 5)，在本条约生效后一年内，凡占有这些建筑物者均应免费交付。

**第十五条** 在第十三条和第十四条第一段与第二段内所指的不动产，以及达塔利亚(Dataria)的大楼、圣赦院(Cancelleria)大楼、西班牙广场上的传信部大楼、圣部（Sant'Offizio）大楼以及毗连建筑、斯科萨卡瓦利(Scossacavalli)广场上的皈依大楼(Convertendi，现为东方教会圣部)、教区(Vicariato)大楼(附件二，6、7、8、10 和 11)，以及圣座将来安置其部会的其他建筑，尽管它们属于意大利领土，但将享有国际法承认的外国外交代表办事处的豁免权。

对于其它包括罗马以外的教堂，当这些教堂不向公众开放，在其内举行有教宗参与的礼仪时，也享有同样的豁免权。

**第十六条** 在上述三条内所列的不动产，以及由下列宗座机构所占用的建筑：额我略大学(Università Gregoriana)、圣经学院(Istituto Biblico)、东方教会学院(Orientale)、考古学院(Archeologico)、俄罗斯修院(Seminario Russo)、伦巴底公学(Collegio Lombardo)、圣阿波利纳(Sant'Apollinare)的两座大楼和圣若望及圣保禄司铎避静院(Casa degli esercizi per il Clero di San Giovanni e Paolo)(附件三，1，1bis，2，6，7，8)，除与圣座提前协议外，绝不应因公共用途而受到限制或被征用，并将免除国家和任何其它机构的普通税和非常税。

圣座有权自由处置所有上述不动产，即本条和前三条所列指的不动产，不需要意大利政府、省或市当局的批准或同意，但在必要时，它们可确保其维持天主教拥有的崇高艺术传统。

**第十七条** 从 1929 年 1 月 1 日起，凡圣座、天主教会的中央机构及其他包括罗马以外的圣座直接管理的机构，向教会要员、职员及雇员所支付之任何类型的酬劳，即使不是固定的，在意大利境内都将免除国家或任何其它机构的任何税收。

**第十八条** 在梵蒂冈城内及拉特朗宫内现存的艺术和科学珍品将继续向学者和游客开放，但圣座有充分自由来管理公众出入。

**第十九条** 圣座的外交使节、外国政府驻圣座的外交使节、由国外前往梵蒂冈城并持有原籍国护照的教会要员以及持有由国外宗座代表发放的签证者无需任何其他手续即可入境意大利。同样，如果上述人士持有普通宗座护照，他们也可以从梵蒂冈城出国。

**第二十条** 国外货物可以从意大利的任何海关和港口运往梵蒂冈城，或梵蒂冈城之外的圣座机构或办事处，并完全免除关税。

**第二十一条** 所有枢机主教在意大利享有亲王(Principi del sangue)所有的荣誉；凡是住在罗马的枢机主教，即使住在梵蒂冈城外，均享有与意大利公民同样的待遇。

在宗座出缺期间，意大利以特殊方式确保枢机主教通过意大利领土自由出入梵蒂冈，并确保他们的人身自由不受任何阻碍或限制。

此外，意大利确保在其梵蒂冈城周围的领土上不发生任何可能扰乱枢秘会议的行为。

这些规则也适用在梵蒂冈城外举行的枢秘会议，以及由教宗主持或其使节主持的议会，和受邀参加会议的主教们。

**第二十二条** 应圣座请求及圣座个别或永久授权，意大利可在其领土内惩处在梵蒂冈城作案的罪犯，但罪犯在意大利领土内避难的情况除外，在此情况下，意大利将会依其法律对罪犯进行诉讼。

圣座将向意大利移交那些被指控在意大利境内犯下罪行而

在梵蒂冈城避难者，且两国法律都视其为罪犯。

同样，对于那些被指控犯罪，且在第 15 条声明享有豁免权之建筑内避难者，只有经这些建筑物之主管同意后，意大利警察才可入内逮捕该犯。

**第二十三条** 应依照国际法规定，在意大利王国内执行由梵蒂冈城法院作出之判决。

凡由教会当局宣布并正式通知民事当局之有关圣职人员或会士关于宗教或纪律方面的判决和措施，在意大利将具有完全的法律效力，包括所有民事效力。

**第二十四条** 圣座因其在国际舞台上所享有之主权，声明愿意，并继续置身于其他国家间的现世竞争及为此目的所召开的国际大会之外，除非争端各方一致呼吁圣座履行和平使命，然无论如何，惟需维护其道德和精神力量的权力。

故此，在任何情况下梵蒂冈城始终是中立和不可侵犯的领土。

**第二十五条** 与本条约一起签署之特别协约，即本条约附录四，是为本条约之组成部分，并规定了圣座向意大利清算所欠之款项。

**第二十六条** 圣座认为，依照今天签署之协议，罗马教区及天主公教在意大利及在全世界行使牧灵管理所需的自由和独立得到了充分保障；明确且决定性地宣布“罗马问题”已被解决，并承认萨沃亚王朝(dinastia di Casa Savoia)统治下的意大利王国，其首都为罗马。

意大利也承认在教宗主权之下的梵蒂冈城国。

废除 1871 年 5 月 13 日之第 214 号法案以及与本条约相抵触之其他一切规定。

**第二十七条** 本条约在签署后的四个月内，将交由教宗和意大利国王的批准，并于交换批准书之日起开始生效。

1929 年 2 月 11 日，罗马

卡斯帕里·枢机主教
（PIETRO Cardinale GASPARRI）

墨索里尼
（BENITO MUSSOLINI）

# 若望保禄二世

## 手谕

# 《梵蒂冈城国基本法》

2000 年 11 月 26 日

**《宗座公报》附录 71(2000)75-83**

鉴于有必要以有系统和有组织的方式对在梵蒂冈城国法律制度中后续所引进的改变做一说明，并努力使其更好地回应法律本身所拥有的体制性宗旨，即在于确保宗座的自由和保证罗马教宗在履行其在此世的使命时享有真实而可见的独立，我等以圆满的最高权力，藉本手谕和确切知识，曾令并敕令遵守如下国法：

**第一条** 1. 教宗，作为梵蒂冈城国元首，拥有圆满的立法权、执行权与司法权。

2. 在宗座出缺期间，上述各项权力均属枢机团所有，惟在紧要情况下，可颁布法规，且仅于出缺期间有效，但后任教宗追认其为教会法者不在此限。

**第二条** 代表国家与他国和其它国际法主体，建立外交关系和缔结条约的职务保留于罗马教宗，且可藉由国务院来履行此职务。

**第三条** 1. 除教宗欲将其保留于自己或其它机构外，立法权则由枢机委员会行使，该委员会所有成员均由教宗任命，任期五年，其中一位任主席。

2. 主席出缺或受阻时，委员会则由枢机成员中年长者主持。

3. 主席有权召集和主持委员会会议，秘书长与副秘书长可参与会议，且享有咨询权。

**第四条** 1. 该委员会在《渊源法》(Legge sulle fonti del diritto)所规定的范围内，并根据下列规定和本有条例，行使其权力。

2. 在拟定法律草案时，该委员会应启用国家顾问、其他专家，以及圣座和国家其它相关机构，予以协助。

3. 法律草案，事先应通过国务院，呈递给罗马教宗预览。

**第五条** 1. 执行权的行使则由委员会主席，根据本法和其它现行法律规定而为之。

2. 主席可在秘书长与副秘书长的辅助下行使该项权力。

3. 重大问题应由主席呈递为委员会进行研究。

**第六条** 在重大事务上，应与国务院共同协商。

**第七条** 1. 委员会主席可颁布指令，以落实法律和规章。

2. 在紧要情况下，主席可颁布具有法律效力的法规，然在九十日之内若未得到委员会的批准，则丧失其效力。

3. 颁布一般条例的权力则保留于委员会。

**第八条** 1. 委员会主席可代表国家行事，但第一条与第二条之规定则保持不变。

2. 主席可委派秘书长为法定代表，以履行一般行政工作。

**第九条** 1. 秘书长应辅助委员会主席履行其职务。根据法律所指定的方式，并在委员会主席的指导下，秘书长可：

1) 负责法律和其它法律规定的执行，并落实委员会主席的决定和指令；

2) 管理城国主席办公室的行政工作，并协调各领导部门的职能。

2. 在出缺或受阻时，取代委员会主席，但第七条 2 款之规定除外。

**第十条** 1. 副秘书长，协同秘书长，负责文书的准备与撰写，以及信件的往来，并履行交给他的其它职务。

2. 在秘书长出缺或受阻时，替代秘书长。

**第十一条** 1. 针对预算案的准备与核查，及其它有关人事安排和国家工作的一般性事务，由委员会主席定期召集和由其主持的领导委员会(Consiglio dei Direttori)可协助主席进行。

2. 秘书长与副秘书长也应参与其中。

**第十二条** 国家的预算案与决算案，在由委员会批准后，应通过国务院呈递给教宗。

**第十三条** 1. 由教宗每五年任命一次的国家总顾问与顾问，应协助拟定法律和其它重要的事务。

2. 可以单独或集体的方式咨询顾问。

3. 总顾问主持顾问会议；此外，也可根据委员会主席的指示，履行协调职能和代表国家的职务。

**第十四条** 为了安全和治安，委员会主席除了利用警卫队之外，也可求助于宗座瑞士警卫队。

**第十五条** 1. 司法权的行使，应由根据国家司法制度而设立的机关，以教宗的名义为之。

2. 每个机关的权限应由法律节制。

3. 审判工作应在梵蒂冈城国境内完成。

**第十六条** 在任何民事案件或刑事案件中，无论案件处于何种阶段，教宗均可将审理与裁决移交至个别审级，且有权根据衡平法宣布判决，并杜绝后续的一切上诉。

**第十七条** 1. 凡自认自己的权利或合法权益因某项行政行为而受到损害者，均可向上级或主管司法当局提起诉讼，惟下列规定保持不变。

2. 在同一事务中，向上级提起的诉讼阻止司法审判行为，但教宗在个别案件中准许者除外。

**第十八条** 1. 有关国家职员与行政管理之间的劳务关系之争诉，依其章程，则由宗座劳动局管辖。

2. 针对对国家职员所施以的纪律性措施，依法可向上诉法院提起诉讼。

**第十九条** 惟有教宗有权颁赐赦免、特恩、豁免与恩惠。

**第二十条** 1. 梵蒂冈城国国旗是由两个不同的纵向部分形成，紧靠旗杆部分为黄色，另一部分为白色，白色部分附有三重冠与钥匙，一切均如本法案之附件 A 中之图案所示。

2. 国徽则是由三重冠连同钥匙而构成，如本法案之附件 B 之图案所示。

3. 国玺中心部分为三重冠与钥匙，周围刻有“梵蒂冈城国”(Stato della Città del Vaticano)几个字，如本法案之附件 C 之图案所示。

本《基本法》全部取代 1929 年 6 月 7 日之第一号法案《梵蒂冈城国基本法》。与本法相反之所有现行法律一概废除。

本法于 2001 年 2 月 22 日“建立圣伯多禄宗座节”正式生效。

敕令本法案附有国玺印之原件保存于梵蒂冈城国法律档案中，相应内容将发布在《宗座公报》之附录中，并另诸君尊重与遵守之。

于梵蒂冈宗座大楼，2000 年 11 月 26 日，耶稣基督普世君王节，在位第二十三年。

罗马教宗　若望保禄二世

## 附件 A

梵蒂冈城国国旗

## 附件 B

梵蒂冈城国国徽

## 附件 C

梵蒂冈城国国玺

# 本笃十六世

## 手谕

## 第七十一号法案

# 《法律渊源法》

2008年10月1日

## 《宗座公报》附录79(2008)65-70

为了继续推动由2000年11月26日的《基本法》所开启的梵蒂冈城国法律体系的完善，我等以圆满的最高权力，藉本手谕和确切知识，曾令并敕令遵守如下国法：

## 第一条 法律的主要来源

1. 梵蒂冈法律制度承认教会法为其法律首要来源和解释参照的首要准则。

2. 法律的主要来源为基本法和由教宗、宗座委员会或教宗授权行使立法权之其他当局为梵蒂冈城国所颁布的法律。

3. 至于法律也包括法令、规章和任何其它依法颁布的法规。

4. 梵蒂冈法应符合一般国际法的规定和源自于圣座所签署的条约和其它协约的规定，但上述第1款的规定除外。

## 第二条 公布、生效与保持

1. 法律的公布应附有日期和以每位教宗任期内罗马数字之序数标示。

2. 法律于其公布后第七日开始生效，但法律本身另有规定者不在此限。

3. 第一条第2款所论之法律应保存在城国主席办公室档案

处，并载于《宗座公报》之特别附录中公布，但在特殊情况下，法律本身对公布方式另有规定者，则不在此限。

## 第三条　对意大利法的采纳

1. 针对第一条所指之法律来源并未规定之事务，以补充的方式且事先获得梵蒂冈主管当局的接受，应遵守意大利国家法律和颁布的其它法规。

2. 只要上述法律不违反神律的诫命和教会法的一般原则，以及《拉特朗条约》和后续协约的规定，便可接受，惟需适用于梵蒂冈城内所存在的事实。

## 第四条　民法

除第三条之明确保留外，应遵从 1942 年 3 月 16 日所颁布之《意大利民法典》以及在本法生效之前曾对其进行过修改的法律，惟下列各项保持不变：

1)　梵蒂冈国籍应遵从梵蒂冈专门法的规定；

2)　完成任何法律行为的能力，以及圣职人员和献身生活会及使徒生活团拥有梵蒂冈国籍之成员，获取和支配因活着时的协商或因死亡之故而遗留之财产的能力，应遵从教会法的规定；

3)　婚姻仅能遵从教会法的规定；

4)　收养应由教宗批准；

5)　针对教会财产的时效问题，应遵从《天主教法典》197-199 和 1268-1270 的规定，此外，也应遵从法典 76§2 的规定；

6)　向慈善事业所做的馈赠和因死亡而留下的遗产，应遵从教会法典 1299-1300 和 1308-1310 的规定；

7)　出生、婚姻与死亡之文书应依梵蒂冈法撰写；

8)　国籍与户口登记则由城国主席办公室为之；

9) 劳务关系则应受梵蒂冈专门法节制；

10) 公证职务，则由城国主席所委任的圣座律师来履行。以同样的方式，也可任命圣轮法院的律师，或与城国主席办公室拥有组织关系，或因合同而合作的民事律师，来履行公证的职务；

11) 保管抵押品的职务，以及抵押品的登记与编册，则由技术服务领导部门履行。同一领导部门也负责对地籍册的保管与更新。

## 第五条　民事诉讼法

应遵从1946年5月1日所颁布的《梵蒂冈民事诉讼法典》，以及后续的修改，包括礼节的简化与缩略。

## 第六条　法官在民事事务上的权力

如若民事争诉无法藉着参考上述所指之法律来源的规定做出裁决，法官可在考虑了神律与自然律的诫命，以及梵蒂冈法的一般原则后对其进行裁定。

## 第七条　刑法

1. 在未有新的刑法制度规定前，应遵守藉1929年6月7日第二号法案所采纳，并藉梵蒂冈法对其进行修改和完善之《意大利刑法典》，但上述第三条所明确之保留维持不变。

2. 鉴于惩处的教育作用，法律所规定之刑拘可由其它处罚代替，并指出其性质。

3. 以意大利里拉所表达的罚款，根据2001年12月28日颁布的第371号法案，应转换为欧元；此等罚款应由梵蒂冈城国主席枢机以行政措施确定。

4. 非法的行政措施及其相应处罚应遵从梵蒂冈专门法的规定。

## 第八条　刑事诉讼法

在未有新法规定前，应遵守藉 1929 年 6 月 7 日第二号法案所采纳，并藉梵蒂冈法对其进行修改和完善之《意大利刑事诉讼法典》，但上述第三条所明确之保留维持不变。

## 第九条　法官在刑事事务上的权力

凡是缺乏任何规定，且犯有违反宗教或伦理原则、公共秩序或有关人或物之安全的罪行，法官可参照法律一般原则，处以最高一千欧元的罚款，或最多六个月的刑拘，如若可能，也可根据 1994 年 12 月 14 日颁布之第 227 号法案，以其它惩罚代替。

## 第十条　诉讼中的代表、辩护人与宣誓

1. 诉讼不同阶段中的代表与辩护人应遵从专门法律的规定。

2. 诉讼中双方当事人、证人、专家或其他人均应以所规定的方式在教会法庭前进行宣誓。

## 第十一条　学校教育

1. 在教育与培育方面应遵从教会训导当局的指示，特别是关于父母的首要责任，自六周岁至十八周岁，学校教育是为义务，但梵蒂冈法之特别规定则保持不变。

2. 根据不同国家的法律规定，凡是前往依法承认之学校机构上学者，即为满全上述义务，但父母和监护人证实以其努力和费用，藉相称的教育措施，能够私下给予教育者，不在此限。

3. 应藉行政措施制定实施方式。

## 第十二条　行政法

1. 除梵蒂冈特别法和上述第三条所做之保留外，在梵蒂冈城内应遵从：

a) 有关下列内容之本法案生效前的意大利国相关法律，包括各种条例和意大利批准之条约，以及条约之实施法：

1) 重量和任何类型的尺度；

2) 发明专利与商标和工厂执照；

3) 铁路；

4) 邮政；

5) 电信及其不同组成部分中相关服务，无论是固定网络还是移动网络；

6) 电力输送；

7) 航空；

8) 汽车与交通；

9) 对抗流行与传染病

b) 在建筑与城市治安，以及公共卫生与健康领域，应遵守意大利的法律和相关普通及特别条例，以及拉齐奥大区、罗马省和罗马市的条例。

2. 若公共利益呈现出必要性，针对国家获取私有财产、临时使用私有财产、实施工程和服务，城国主席可藉由书明理由之法令采取措施，同时制定相应的赔偿。

3. 法律及本条所参照之条例中所规定之国家当局，意指城国主席，但由城国主席明确授权者除外。

## 第十三条 废除与生效

本《法律渊源法》完全取代1929年6月7日所颁布之第二号法案《法律渊源法》。

本法于2009年1月1日正式生效。

敕令本法案附有国玺印之原件保存于梵蒂冈城国法律档案中，相应内容将发布在《宗座公报》之附录中，并另诸君尊重与遵守之。

于梵蒂冈宗座大楼，2008 年 10 月 1 日，在位第四年。

教宗　本笃十六世

# 教宗方济各
## 手谕
# 《梵蒂冈城国基本法》

2023年5月13日

## 载于《罗马观察报》

根据伯多禄职务，吾蒙召也对梵蒂冈城国行使最高主权，《拉特朗条约》曾将梵蒂冈城国作为工具，来保证圣座绝对而可见的独立，并确保其在国际领域的主权，窃以为有必要颁布一部新的《基本法》，以回应今日的需求。

为了呈现梵蒂冈城国(以下简称：城国)，及其权力和履行职务的基本面貌，本《基本法》承继了1929年及2000年取而代之的《基本法》，欲意提升和完善迄今为止已颁布的法律更新，以及因对《渊源法》、《政府法》和《司法条例》的改革而对城国业务机构轮廓所作的变更。

这些规定也负有一项使命，即：使由宗座也为梵蒂冈城国所承担的国际承诺而衍生的情形，连同城国特殊情况所面对的已更新的需求，得以实施。

作为城国其他一切法规与条例的基础和参照，该法案重申梵蒂冈独有的特殊性及其法律制度——有别于罗马教廷的法律——的自主性，该法律制度的特征是承认教会法为其首要渊源和无可替代的解释准则。如此欲确保城国自己的行为与活动，以及国家职能所要求的必要自治。为达此目的，便需要梵蒂冈城国主席办公室，以其固有的组织结构，促进城国的本有使命，并直接为伯多禄继承人提供服务。

该法案赋予政府机关和所有因不同职责和受真正教会精神的鼓舞，而固定地为城国提供服务的机构，在由《拉特朗条约》所厘定的领土内，以及在凡是有城国或圣座机构开展工作，并根据国际法而享有人事和职务豁免权的不动产及区域内，行使一切必要的权力。

故此，我等以圆满的最高权力和确切知识，制定并颁布如下内容，敕令将其作为国家基本法而遵守之：

## 第一题

## 总则

**第一条** 教宗，作为梵蒂冈城国元首，拥有圆满的管理权，包括立法权、执行权与司法权。

**第二条** 1. 梵蒂冈城国保证圣座为履行其在世上的至高使命所需要之绝对而可见的独立，并确保其在国际领域之无可争议的主权。

2. 城国及其体制不同于罗马教廷和圣座的其他机构。

3. 城国体制的各项职能由梵蒂冈城国主席办公室，根据法律和其他法律条例的规定，来履行。

**第三条** 1. 在宗座出缺期间，由枢机团确保城国各项职能继续运作，并行使各项权力。

2. 枢机团，惟在紧要情况下，亦可颁布法规，且仅于出缺期间有效，但后续由教宗获得核准者不在此限。

**第四条** 1. 在 1929 年 2 月 11 日之《拉特朗条约》所厘定的领土内，梵蒂冈城国行使最高主权和一切必要权力。

2. 同样，城国各机关除了在城国领土内，亦可在有城国或圣座机构开展工作，并享有国际法保护及豁免权的不动产及领域内，行使其职权。

**第五条** 梵蒂冈城国国民、居民，以及凡是以其他名义和以不同职务及职责，怀着教会精神，为城国或为圣座，固定地从事其服务工作的人，共同形成了城国团体。

**第六条** 1. 代表梵蒂冈城国与他国和其他国际法主体交往的职务保留于罗马教宗；在外交关系和签署条约时，则通过国务院履行该职务。

2. 在其他情况，则由城国主席履行代表职务。

3. 城国主席办公室可参与圣座为其本有成员之国际组织的工作，并以城国名义行事。

4. 至于城国的飞地，城国主席办公室可与外国组织保持关系，并签署必要的文书，以确保与《拉特朗条约》第六条相关的各种供应、联络、捐助和公共服务。

## 第二题

## 立法职

**第七条** 立法职由宗座梵蒂冈城国委员会行使，但教宗欲将此保留于自己者除外。

**第八条** 1. 宗座委员会由教宗所任命的枢机和其他成员组成，任期五年，其中主席须由枢机担任。

2. 若主席出缺或受阻，则应由任命年限较长，且年龄较长之枢机主持宗座委员会工作。

**第九条** 1. 宗座委员会行使依法和依其他法律规定所授予的权力。

2. 宗座委员会的会议应由主席召集并主持。城国主席办公室秘书长及副秘书长，均以咨询职，参加会议。城国机关成员、罗马教廷各机构成员或其他专家均可获得咨询。

3. 宗座委员会由其专有条例规范其运作。

**第十条** 1. 宗座委员会核准法律和其他法规。对相关法案的拟定，需要国家顾问团、城国主席办公室法务处或其他专家的合作。

2. 由宗座委员会核准的法律，在颁布前，应直接呈递给教宗考量。

3. 对城国法律的真实解释保留于宗座委员会。

4. 宗座委员会，针对未保留于法律的事务，或为规范凡是法律让参考相关条例并确定原则的事务，可颁布一般条例。

**第十一条** 1. 宗座委员会可颁发指令、法令和其他规定，以落实法律法规或条例。

2. 在有迫切需要的情况下，主席可颁布具有法律效力的法令，但若在其公布后九十天之内，未由宗座委员会将其转变为法律者，将丧失法律效力。

**第十二条** 1. 国家总顾问和其他顾问均由教宗任命，任期五年，并共同形成顾问团。在拟定法律、其他法规性文书和执行性文书时，履行——亦可单独履行——咨议职能。

2. 总顾问组织并主持国家顾问团的活动与会议。

3. 城国主席，亦可在圣座某机构的要求下，请求顾问团针对法律的疑问——而对该法律并不要求提供真实的解释——表达意见。该等意见可采用声明或解释性注释的形式。

**第十三条** 1. 宗座委员会，根据会计准则，应以具有法律效力的文书，每年裁定预算案和决算案；此外，也应审议三年的财政计划。然后，直接将这些文书呈递给教宗核准。

2. 预算案应确保收入与支出的平衡，并遵从明确、透明和准确的原则。

3. 必要时，主席得以法令在预算项目之间调动资源，但要保持差额平衡，并考虑到时间上的可维持性。

**第十四条** 预算案需呈递给由宗座委员会任命的三名成员所组成的审计团进行监督与核计，该成员任期为三年，并向宗座委员会进行汇报。

## 第三题

## 执行职

**第十五条** 1. 宗座委员会的主席由城国主席担任，并根据法律和其他法规行使执行职。

2. 主席可利用城国主席办公室——其中的政府各机关和机构应协助履行国家的执行职——在第四条所规定的领域内，履行其职务。

3. 凡是重大事务，应根据其重要性，分别呈递给主席、罗马教宗或宗座委员会进行审核。

**第十六条** 1. 秘书长应协助主席履行其职务。

2. 在主席出缺或受阻时，秘书长得代替主席行事，但颁布具有法律效力的规定和通过其他法律性文书者除外。

3. 在法律会条例规定的情况下，或主席授权时，秘书长可代表国家行事。负责执行法律和通过其他法律性文书，并落实主席的决定和指示。

**第十七条** 副秘书长协助主席与秘书长，并履行所委托给他的其他职务，主管文书的筹备与撰写，以及信件的往来。在秘书长出缺或受阻时，或因其授权，代替秘书长行事。

**第十八条** 1. 为满足自己和圣座所需，而保障《拉特朗条约》

第六条所言之配给、基础设施、服务与供应，是城国的本有及专有权限。

2. 城国主席办公室负责为城国与圣座各机构筹备上述资源的获取、分配和供应。

**第十九条** 1. 城国主席办公室的组织与职务应由《政府法》规范，并受宗座委员会或其主席所制定的条例节制。

2. 城国主席办公室，藉其行政组织，负责在第四条所规定的范围内，作为本有与专有职责，履行下列职务：

1) 安全、公共秩序和民事保护措施；

2) 保护健康、医疗、公共卫生、环境与生态；

3) 经济活动、邮政、集邮与海关服务；

4) 一切有关网络连接、建筑活动、技术性、水力和电力装置的基础设施，以及对其进行监督与维护。

5) 对梵蒂冈博物馆的所有艺术作品的保护、弘扬与享有，以及负责对全部艺术、历史、考古和人种学遗产的保护；

6) 由法律或其他法规所规定的任何其他职务。

**第二十条** 为了安全与治安的目的，城国主席除了启用宪兵队外，亦可要求宗座瑞士卫队给予协助。

## 第四题

## 司法职

**第二十一条** 1. 司法职应以教宗的名义，由根据司法条例设立的机关和法律因特殊事务而赋予其权限的其他机关履行。

2. 教宗在任何民事案件或刑事案件中，于案件的任何阶段，均可将预审和裁决转交给个别审级，并排除其他一切申诉。

3. 在实施法律时，法官应遵从公正的原则，力求恢复正义，并促进双方的和解。此外，在刑事案件中，法官应以恢复罪犯名誉、使其重返社会，修复所违反的法律秩序为目的，而科以处罚。

4. 在任何诉讼中，均应保证法官公平、辩护权和双方对质。

**第二十二条** 惟有教宗有权颁赐赦免、特恩、豁免、恩惠与变更刑罚。

## 第五题

## 最终条款

**第二十三条** 1. 梵蒂冈城国国旗是由两个不同的纵向部分形成，紧靠旗杆部分为黄色，另一部分为白色，白色部分附有三重冠与钥匙，一切均如本法案之附件 A 中之图案所示。

2. 国徽则是由三重冠连同钥匙而构成，如本法案之附件 B 之图案所示。

3. 国玺中心部分为三重冠与钥匙，周围刻有“梵蒂冈城国”(Stato della Città del Vaticano)几个字，如本法案之附件 C 之图案所示。

**第二十四条** 1. 本《基本法》全部取代 2000 年 11 月 26 日的旧法。

2. 与本法相反之所有法律、法规、特权和习惯，即使极堪提及者，一概废除。

3. 本法于 2023 年 6 月 7 日正式生效。

敕令本法案附有国玺印之原件保存于梵蒂冈城国法律档案中，相应内容将发布在《宗座公报》之附录中，并另诸君尊重与遵守之。

于梵蒂冈，2023 年 5 月 13 日，法蒂玛圣母节，在位第十一年。

**方济各**

## 附件 A

梵蒂冈城国国旗

## 附件 B

梵蒂冈城国国徽

## 附件 C

梵蒂冈城国国玺

书　　名：梵蒂冈法
作　　者：阿列塔（Juan Ignacio Arrieta）
译　　者：宋伟光
译　　自：*Diritto dello Stato Vaticano*（意大利文）
授　　权：Juan Ignacio Arrieta 2021
Edizioni Santa Croce s.r.l. 2021
准　　印：天主教香港教区辅理主教 夏志诚
2025 年 6 月 12 日
出　　版：清泉出版社有限公司
香港九龙尖沙咀柯士甸道 103 号
网　　址：http://www.spring-books.com
电子邮箱：info@spring-books.com
出版日期：2025 年 6 月 29 日

**版权所有　翻印必究**

ISBN 978–988–76788–5–4

www.ingramcontent.com/pod-product-compliance
Lightning Source LLC
LaVergne TN
LVHW060245051026
849517LV00005B/1722
* 9 7 8 9 8 8 7 6 7 8 8 5 4 *